NÉGOCIER ET RÉDIGER AU MIEUX SES CONTRATS DANS L'ESPACE OHADA

Henri-Joël TAGUM FOMBENO
Docteur d'État en droit

NÉGOCIER ET RÉDIGER AU MIEUX SES CONTRATS DANS L'ESPACE OHADA

L'HARMATTAN

Ouvrages du même auteur

Sécurité, hygiène et médecine du travail en Afrique noire francophone, L'Harmattan, Paris, 2009, 233 pp.

L'action des syndicats professionnels en Afrique noire francophone, L'Harmattan, Paris, 2006, 366 pp.

Une nouvelle vision syndicale : de la mondialisation des économies, Ouvrage collectif sous la coordination de Francisco MONTEIRO, BIT, ACTRAV, Dakar, 2003, 62 pp.

5-7, rue de l'École-Polytechnique ; 75005 Paris

http://www.librairieharmattan.com
diffusion.harmattan@wanadoo.fr
harmattan1@wanadoo.fr

ISBN : 978-2-296-10268-2
EAN : 9782296102682

A mon épouse Chantal
A mes enfants Laurine et Enzo
A ma mère

PREFACE

Le contrat est un outil de gestion essentiel en droit des affaires. Il constitue l'instrument juridique de base pour les relations professionnelles et personnelles.

Juridiquement fondé sur le principe de l'autonomie de la volonté, le contrat a subi des évolutions majeures du fait de l'inventivité des pratiques et du champ toujours plus important pris par la réglementation. Cette évolution a apporté des restrictions au principe de l'autonomie de la volonté – restrictions dictées notamment par la protection de l'intérêt général et du consommateur – en imposant de plus en plus de formalisme. Les contrats se sont donc sophistiqués en prenant des formes de plus en plus complexes.

Ainsi, la négociation et la rédaction des contrats requièrent de nos jours des compétences spécifiques et une certaine expérience. Elles obéissent à certaines règles qu'il faut maîtriser. Le processus contractuel étant souvent semé d'embûches, les parties se doivent de se préserver d'un certain nombre de pièges ou du moins de minimiser leurs effets. À défaut, les droits et intérêts qu'elles représentent risquent de s'en trouver fortement amoindris, voire tronqués. Or, les lacunes d'un contrat peuvent se révéler cruelles pour les parties.

Par ailleurs, la négociation et la rédaction des contrats font appel à des savoirs spécialisés et particulièrement à celui du juriste. Pendant longtemps, le négociateur se contentait de conclure son affaire et de se décharger ensuite du dossier sur le service juridique, pour qu'il assure la mise au point du contrat. Cette époque est révolue.

Le droit est un élément indispensable pour atteindre un équilibre contractuel. C'est un élément de la négociation, parmi d'autres, et au même titre que la stratégie, la finance ou le marketing.

A cet effet, il faut intégrer la réflexion juridique au processus de négociation, car négocier, c'est aussi maîtriser le cadre juridique qui va sécuriser les pourparlers. Le rôle du juriste ne saurait donc se limiter à la rédaction des contrats, qui bien sûr, est un exercice complexe. Afin de négocier un contrat adapté à ses objectifs et d'introduire des clauses efficaces permettant d'éviter un risque de contentieux, le juriste doit donc être associé dès le début du processus contractuel.

Cet ouvrage, qui allie théorie et pratique, vient donc à son heure. Il constitue réellement un outil pédagogique pertinent pour négocier et rédiger ses contrats. En combinant le droit et la stratégie, l'auteur fournit, à l'issue d'une recherche approfondie et d'un travail impressionnant d'analyse juridique, un outil complet apte à guider tous ceux qui interviennent dans le processus de production des contrats.

Par un style simple et facile d'accès, des exemples pratiques et des anecdotes croustillantes tirées de son expérience personnelle, Monsieur Tagum Fombeno est parvenu à cerner les différents aspects de la négociation et de la rédaction des contrats. Il répond, avec précision et clarté, aux questions qui peuvent se poser aux différents acteurs, juristes, commerciaux, financiers, ingénieurs, qui interviennent dans le processus de conclusion des contrats.

Par ce travail, Monsieur Tagum Fombeno, que j'ai déjà eu l'occasion d'apprécier comme collaborateur, a démontré ses grandes capacités de créativité et d'analyse, en révélant sa parfaite maîtrise des techniques contractuelles. Aussi, c'est avec un très grand plaisir et une certaine fierté pour l'ASECNA que j'ai accepté de préfacer cet ouvrage d'une qualité scientifique indubitable. Je forme le vœu que cette publication apporte au plus grand nombre de lecteurs la connaissance des idées qu'il développe brillamment.

Christian COSTE
Ancien Contrôleur Financier de l'ASECNA
Contrôleur Financier Régional en Guyane Française

TABLE DES ABREVIATIONS

Al. : alinéa
Art. : article
ASECNA : Agence pour la Sécurité de la Navigation Aérienne en Afrique et à Madagascar
AUDA : Acte uniforme relatif au droit de l'arbitrage
AUDCG : Acte uniforme relatif au droit commercial général
AUDSC et GIE : Acte uniforme relatif au droit des sociétés commerciales et du groupement d'intérêt économique
AUS : Acte uniforme portant organisation des sûretés
C.A. : Cour d'Appel
Cass. ass. plén. : Cour de cassation, assemblée plénière
Cass. ch. Mixte : Cour de cassation, chambre mixte
Cass. civ. : Cour de cassation (chambre civile)
Cass. Com. : Cour de cassation (chambre commerciale)
C. civ. : Code civil
C. fam. : Code de la famille
C.O.C.C. : Code des obligations civiles et commerciales du Sénégal
C. supr. : Cour suprême
chron. : chronique
concl. : conclusion
D. : Recueil Dalloz
Droit et patr. : Revue Droit et patrimoine
Ed. : Éditions
EDJA : Éditions juridiques africaines
Infra : plus loin
J.-Cl. : Juris-Classeur (Civil, Pénal, etc.)
J.C.P. : Juris-Classeur périodique (éd. E, G, N)
J.O. : Journal officiel
Loc. cit. : A l'endroit précité
not. : notamment
Obs. : Observations

OHADA : Organisation pour l'Harmonisation du Droit des Affaires en Afrique
op. cit. : dans l'ouvrage précité
p. : page
préc. : précité
Rec. : Recueil
t. : tome
S. : Sirey
s. : suivant
som. : sommaire
supra : plus haut
V. : voir
Vol. : Volume

INTRODUCTION

Les contrats constituent l'instrument juridique de base pour les relations professionnelles et personnelles. Ils sont d'une importance particulière dans la vie des affaires ainsi que dans celle de tous les jours. Ils sont au cœur de l'activité humaine. On les trouve dans les supermarchés, les transports, les travaux de construction, bref, on les retrouve partout.

Avec la mondialisation de l'économie, l'une des tâches les plus importantes dans les affaires est la négociation et la rédaction de contrats. Ces contrats, dont le nombre n'a cessé de croître, se sont sophistiqués en prenant des formes de plus en plus complexes.

Cette complexité impose aux cocontractants d'avoir une parfaite maîtrise des questions contractuelles ou tout au moins de s'entourer de conseils d'un technicien avisé, car les lacunes d'un contrat peuvent se révéler cruelles dans une relation d'affaires. Comme le disait l'autre, « *Let's see our lawyer first* ».

Le contrat est un accord entre deux ou plusieurs volontés, soit pour créer une relation de droit, donnant naissance à des obligations ou des droits réels, soit pour modifier ou éteindre une relation préexistante. Les exemples sont nombreux : contrat de vente, contrat de location, contrat de prestations de service, etc.

Dans tous les systèmes juridiques[1], il existe un corps de règles générales qui sont applicables à tous les contrats. C'est ce qu'on appelle *la Théorie générale du contrat.* Au-delà de ce corps de règles générales, les contrats sont aussi régis par des règles spécifiques, nées de la diversité des opérations qu'ils contribuent à réaliser. Ces deux corps de règles s'articulent.

La colonisation a introduit dans les pays africains différents systèmes juridiques occidentaux qui ont été imposés sur les droits coutumiers. Dans l'espace OHADA[2], la plupart des pays ont conservé le droit des contrats hérité de la colonisation.

Ce droit qui est issu du système romano-germanique relève de la tradition espagnole en Guinée Equatoriale, portugaise en Guinée Bissau, belge en République Démocratique du Congo et française dans tous les autres pays membres de l'OHADA. Seul le Cameroun offre la particularité de réunir la tradition française et celle anglo-saxonne[3].

Certains pays membres de l'OHADA continuent d'appliquer les textes juridiques introduits par le colonisateur[4]. Seuls quelques pays ont pu se doter d'une nouvelle législation sur les contrats. Il en est ainsi du Sénégal

---

[1] Il y a une multitude de systèmes juridiques que l'on peut néanmoins classer très schématiquement selon les cinq grandes catégories suivantes : les pays de droit codifié, les pays de la *common law*, les pays islamiques, les pays communistes, les pays asiatiques.

[2] L'OHADA regroupe aujourd'hui 17 pays (les 14 pays de la Zone franc CFA, plus les Comores, la Guinée Conakry et la République Démocratique du Congo qui vient d'adhérer avec la promulgation par le Président Joseph KABILA de l'Ordonnance-loi du 11 février 2010). Elle reste ouverte à tout Etat du continent africain.

[3] Voir Marcel FONTAINE, « Note explicative à l'Avant-projet d'Acte Uniforme OHADA sur le droit des contrats », Mai 2006, p. 7 et s.

[4] On peut citer le Niger, le Cameroun, le Togo, le Gabon, la République Centrafricaine, etc.

avec la loi 63-62 du 10 juillet 1963 relative à la partie générale du Code des Obligations Civiles et Commerciales, du Mali avec la loi 87-31/AN-RM du 29 août 1987 fixant le régime général des obligations, de la Guinée Conakry avec la loi 004/APN/83 du 16 février 1983 portant adoption Code Civil. En dépit de leur spécificité, ces textes restent, toutefois, fondamentalement dans la ligne de la tradition française.

Il résulte de ce qui précède que la conception du contrat dans les pays membres de l'OHADA est, de manière générale, la même que celle du droit français dominée par le principe de la liberté contractuelle et l'autonomie de la volonté des parties[5]. Suivant le principe de la liberté contractuelle, ce qui n'est pas interdit est permis. Par ailleurs, sous réserve d'obligations prévues par la loi telle que l'assurance obligatoire, chacun est libre de contracter et du choix de son cocontractant.

Certains contrats sont spécialement organisés, soit par la loi, soit par les usages professionnels. Ce sont des *contrats nommés* parce que la loi ou les usages qui les règlementent leur donnent un nom. D'autres ont été spontanément créés par la pratique et ne sont pas visés par un texte. Ce sont des *contrats innomés*, qu'on appelle aussi *contrats sui generis*.

En principe, le contrat se forme par la rencontre de l'offre et de l'acceptation. Toutefois, il est souvent nécessaire de préparer la conclusion du contrat par une phase préalable de négociation au cours de laquelle les parties vont discuter les différents points qu'ils souhaitent intégrer à leur accord. Cette

---

[5] Le droit des contrats a été inclus dans le Programme d'harmonisation du droit des affaires en Afrique et un avant-projet d'Acte uniforme sur le droit des contrats a déjà été réalisé. Ce projet est assez ambitieux, car il tient compte de l'évolution internationale récente en matière de droit des contrats, et intègre aussi bien les préoccupations des systèmes juridiques romano-germaniques que celles de la *Common Law*.

phase exige du négociateur la connaissance de certains principes et techniques de négociation.

En cas de succès de la négociation, les parties doivent matérialiser par écrit l'accord intervenu. C'est l'étape de la rédaction du contrat. La rédaction des contrats est souvent obscurcie par une méthode qui consiste à utiliser des précédents par ajouts successifs ou par des transferts de clauses, à travers la pratique du « copier/coller ». Cette pratique réduit considérablement la logique du texte contractuel et les liens logiques entre les différentes clauses du contrat.

Le contrat n'est pas un mal nécessaire encore moins une tracasserie administrative. C'est la mémoire de l'accord intervenu entre les parties. Par conséquent, elles ont intérêt à le soigner car il permet de sauvegarder leurs droits et intérêts.

Un contrat doit être rédigé avec clarté et précision. Un accord clair est indispensable pour éviter les ambiguïtés d'interprétation avec des personnes qui n'ont pas été impliquées dans la négociation de l'accord et dans sa rédaction. Les clauses indûment détaillées donnent naissance à plus de problèmes qu'elles n'en résolvent.

Au-delà de ces exigences rédactionnelles, la validité d'un contrat est soumise à quatre conditions : le consentement, la capacité, la cause et l'objet. Le contrat qui ne réunit pas ces conditions est nul.

La nullité anéantit rétroactivement le contrat ; celui-ci est considéré comme n'ayant jamais existé. Les parties doivent donc remettre les choses en l'état précédant le contrat (exception faite pour les contrats à exécution successive – comme le contrat de travail – pour lesquels l'annulation ne vaut que pour l'avenir). La nullité doit cependant être demandée en justice. Il faut distinguer la nullité absolue de la nullité relative.

L'objectif visé à travers cet ouvrage est de fournir aux négociateurs et aux rédacteurs de contrats des outils et méthodes indispensables pour une formalisation sécurisée des engagements contractuels. En effet, l'acquisition de certains réflexes est essentielle pour optimiser la négociation et la rédaction des contrats. Il faut maîtriser la négociation des clauses sensibles du contrat et leur rédaction, mais aussi savoir identifier les risques majeurs de responsabilité et prévenir les litiges.

L'ouvrage contient des conseils sur les techniques de négociation et de rédaction des contrats. Il explique en des termes clairs et concis, avec des exemples à l'appui, un certain nombre de règles fondamentales, de questions courantes et de points juridiques en rapport avec le processus contractuel.

L'ouvrage est essentiellement consacré aux contrats de droit privé qui se distinguent des contrats de droit public dits contrats administratifs. Le contrat de droit public se définit comme un « *contrat passé par une personne publique ou pour son compte et soumis à la compétence et au droit administratifs, soit par disposition expresse de la loi, soit en raison de la présence de clauses exorbitantes de droit commun dans ses stipulations, soit parce qu'il confère à son titulaire une participation directe à l'exécution d'une activité de service publique*[6]. »

Le contrat de droit public se distingue du contrat de droit privé en ce qu'il obéit aux impératifs de l'intérêt général. Il se démarque du contrat de droit privé par deux critères essentiels : un critère organique et un critère matériel.

---

[6] Raymond GUILLIEN, Jean VINCENT, Serge GUINCHARD et Gabriel MONTAGNIER, *Lexique des termes juridiques*, Paris, Dalloz-Sirey, 2010, 17e éd., p. 157.

Suivant le critère organique, le contrat est un contrat de droit public si au moins une personne morale de droit public est partie au contrat. Le contrat conclu entre deux personnes privées est en principe de droit privé même si l'une des personnes privées est chargée d'un service public.

Toutefois, le juge administratif français a appliqué les notions de mandat et de représentation pour admettre que ce type de contrat pouvait être administratif dès lors qu'une des parties agit « pour le compte d'une personne publique. »[7] Il s'agit donc d'une exception qui s'applique lorsque la personne privée agit pour le compte d'une personne morale de droit public.

Le critère matériel se base sur deux sous-critères alternatifs, l'un relatif au contenu du contrat qui comporte des clauses exorbitantes de droit commun[8], l'autre relatif à l'objet du contrat qui porte sur l'organisation et l'exécution d'un service public[9]. Les clauses exorbitantes du droit commun sont les clauses conférant aux parties des droits et obligations étrangers par nature à ceux librement consenti dans les contrats de droit privé[10].

Si la formation d'un contrat de droit privé est en principe libre, tel n'est pas le cas des contrats de droit public dont les conditions de passation voire d'exécution ou de résiliation sont rigoureusement réglementées par des textes dont les codes des marchés publics[11]. Il s'agit, en général, de contrats

---

[7] C.E., *Société Brossette,* 30 janvier 1931, Rec. p. 123.

C.E., *Societé des granits porphyroïdes des Vosges,* 31 juillet 1912, Rec. p. 909, concl. BLUM.

[9] C.E., *Epoux Bertin,* 20 avril 1956, Rec. p. 167.

[10] Le régime exorbitant du droit commun peut également découler d'un texte législatif ou réglementaire qui déroge au droit commun et s'applique indépendamment de la volonté des parties

[11] Voir not., Ordonnance n° 96-04 du 31 janvier 1996 portant code des Marchés Publics applicable en République du Bénin ; Décret n° 2004/275 du 24 septembre 2004 portant Code des Marchés Publics de la République du Cameroun ; Décret n° 2009-156 du 20 mai 2009 portant code des

nommés qui n'appellent pas de développements particuliers dans le cadre de cette étude.

Sous le bénéfice de ces observations liminaires, l'ouvrage est divisé en deux parties. La première partie est consacrée aux règles de négociation des contrats et la seconde aux techniques de rédaction des contrats. Des annexes pratiques complètent l'ouvrage.

---

marchés publics de la République du Congo ; Décret n°2005/110 du 24 février 2005 portant Code des marchés publics de la République de Côte d'Ivoire ; Décret n°0001140/PR/MEFBP du 18 décembre 2002 portant Code des marchés publics de la République Gabonaise ; Décret n°95-401/P-RM du 10 novembre 1995 portant Code des marchés publics de la République du Mali ; Ordonnance 2002/007/ du 18 septembre 2002, portant code des marchés publics au Niger modifiée par l'ordonnance 2008/06/ du 21 février 2008 ; Décret n° 2007-545 du 25 avril 2007 portant Code des marchés publics de la République du Sénégal ; Décret n°503/PM/SGG/2003 portant Code des Marchés Publics dans la République du Tchad ; Ordonnance n°93-006 du 4 août 1993 portant Code des marchés publics de la République Togolaise.

PREMIERE PARTIE
LA NEGOCIATION DES CONTRATS

D'après Le Petit Robert, dictionnaire de la langue française, « *La négociation correspond aux séries d'entretien, de démarche, qu'on entreprend pour parvenir à un accord ou pour conclure une affaire.* » Juridiquement, « *négocier, c'est discuter en vue d'aboutir à un accord* ». D'une manière générale, la négociation est un processus par lequel deux ou plusieurs parties cherchent à établir un accord sur ce que chacune entend prendre ou donner.

La négociation est indissociable de notre vie personnelle et professionnelle, elle nous suit partout. Le négociateur peut s'apparenter, par certains côtés, à un conducteur automobile qui amorce un virage. Il doit le prendre le mieux possible, surtout s'il s'agit d'un tournant sec. A défaut, il risque de connaître la détresse du chemin perdu, d'une sortie de route ou d'un mur percuté.

Par conséquent, avant de s'engager dans une négociation, il faut en maîtriser les mécanismes. Il faut aussi être conscient des risques juridiques sous-jacents à toute négociation.

Sous ce rapport, pour réussir dans la négociation, il faut :

- d'une part, mettre au point des techniques adéquates de négociation et,

- d'autre part, maîtriser le déroulement de la phase précontractuelle.

CHAPITRE 1
LES PRINCIPES DE BASE DE LA NEGOCIATION

Négocier c'est chercher ensemble une solution qui convient à chacune des parties, c'est participer à la décision et préserver au mieux les intérêts mutuels. Une bonne négociation est une négociation dans laquelle aucune des parties ne sent qu'elle a perdu, et où chacun a été reconnu et respecté par l'autre. Elle doit aboutir à un accord « gagnant-gagnant ».

Une solution coopérative est toujours meilleure qu'une solution autoritaire. Elle permet une collaboration fructueuse et durable, car elle engage la confiance. Sous ce rapport, un bon négociateur doit cultiver certaines valeurs. Il doit rechercher une compréhension mutuelle, produire une solution, expérimenter de nouvelles pistes, accorder le droit à l'erreur et postuler la confiance.

Mais ces valeurs ne suffisent pas pour réussir une négociation. Le succès d'une négociation dépend également de sa préparation et de la manière dont elle est conduite.

SECTION 1 : PREPARER LA NEGOCIATION

Une négociation ne s'improvise pas, elle se prépare. Une négociation bien préparée a toutes les chances de réussir. Préparer sa négociation, c'est avoir une vue claire de la situation. Pour cela, il faut connaître son dossier, les acteurs en présence, définir ses objectifs et élaborer une stratégie.

§ 1. Réunir les éléments relatifs au dossier

L'information joue un rôle déterminant lors d'une négociation. A cet effet, il faut non seulement s'imprégner du dossier, mais aussi obtenir des informations sur la partie adverse en vue d'apprécier les rapports de force.

A. / S'imprégner du dossier

Une négociation n'est pas une simple vue de l'esprit. Elle repose sur des faits concrets et objectifs. Pour cette raison, le négociateur doit connaître son dossier. Il doit prendre connaissance, lire, relire et analyser les notes et documents du dossier.

Il lui revient de rechercher les informations nécessaires à l'appui de ses positions. Cette information doit être précise et fiable. Afin de préparer et renforcer ses arguments, le négociateur doit toujours anticiper les réclamations que l'autre partie soulèvera, de même que sa réaction à ses propres réclamations.

Le négociateur doit tester ses arguments face à ces hypothèses, et si nécessaire les améliorer. Il doit préparer les faits, les chiffres, les arguments, les objections, les réponses aux objections. Bien négocier c'est surtout bien prévoir, et souvent la partie qui s'en sort à son avantage est celle qui a le mieux prévu le futur déroulement d'une négociation.

Il est essentiel de choisir judicieusement les arguments susceptibles de persuader son partenaire car négocier, c'est convaincre. Pour être pertinents, ils doivent être véridiques et objectifs.

En matière de négociation, une fausse information, voire une information inutile, sera toujours plus préjudiciable que l'absence d'information. A cet effet, le choix des éléments à mettre à la disposition de la partie adversaire doit se faire de façon méticuleuse.

B. / Rechercher des informations sur la partie adverse

La préparation d'une négociation passe également par la recherche d'informations sur la partie adverse. Par partie adverse, il faut entendre non seulement les acteurs qui seront présents à la table de négociation, mais également leurs collaborateurs qui n'y seront pas.

Cette démarche permet, à partir des informations recueillies, de connaître la stratégie de l'adversaire, ses enjeux, ses objectifs et ses atouts. Ces informations portent notamment sur :

- la dimension statutaire de l'autre partie (société mère, holding, filiale, …) ;
- la puissance économique de l'autre partie, sa solvabilité, son degré de maîtrise du dossier, son niveau de conviction et d'engagement ;
- les enjeux, c'est-à-dire l'importance de ce que l'on peut accepter de perdre ou de gagner ;
- les antécédents sur le même objet, notamment l'existence de contentieux ;
- les moyens de pression et/ou la capacité de nuisance dont disposent les protagonistes, etc.

Cette démarche permet aussi de sonder la personnalité et le pouvoir de chaque acteur, de connaître son caractère, ses phobies, ses manies, ses passe-temps, qui sont autant d'éléments supplémentaires nécessaires à une bonne négociation. Les japonais qui sont des fins négociateurs, attachent une grande importance à cette découverte de l'autre sans laquelle aucune discussion technique ne peut avoir lieu.

A partir de ces éléments, vous pouvez vous faire une idée du rapport de force et définir votre stratégie de négociation. En effet, il ne faut jamais oublier que la négociation fait appel à des facteurs humains parfois déterminants.

Mais, où peut-on obtenir ces informations. Ces informations peuvent être obtenues :

- en consultant des moteurs de recherche sur Internet ;
- à partir de l'analyse des documents échangés entre les parties avant le début des négociations ;
- au niveau du registre du commerce et du crédit mobilier (copie des statuts de l'entreprise, inscription des privilèges, etc.) ;
- auprès des sociétés de renseignements financiers et commerciaux, etc.

§ 2. Définir des objectifs

Définir ses objectifs, c'est, d'une part, fixer ses limites et, d'autre part, prévoir des solutions de repli.

A. / Fixer ses limites

Il ne faut jamais entrer en négociation sans savoir ce que l'on veut. Il *convient tout d'abord de s'interroger sur ce qui doit être négocié*. Quel est *l'objectif* qui vous est fixé ? Quelles sont les contraintes à respecter ?

Il ne faut jamais oublier qu'en matière de négociation, « *si vous ne savez pas où vous allez, il est probable que vous n'arriverez nulle part* ». A cet effet, il faut définir des objectifs clairs, réalistes et raisonnables, en tenant compte notamment des contraintes et des enjeux financiers, mais également psychologiques, politiques ou conjoncturels.

C'est pour cette raison qu'il faut associer à la démarche, les membres de votre entreprise qui, à un titre ou à un autre, interviendront dans la mise en œuvre de l'accord signé, même s'ils ne participeront pas à la négociation. Un négociateur ne peut être polycompétent, il ne peut avoir une connaissance aussi bonne qu'un technicien dans son domaine.

La définition des objectifs doit résulter d'un travail de groupe mené avec beaucoup de sérieux et d'objectivité. A titre d'exemple, et à l'échelle d'un pays, une négociation sur le commerce de la banane engage à la fois le ministère du Commerce, le ministère des Affaires Etrangères, celui de l'Agriculture et celui de l'Economie et des Finances.

Cette démarche devrait vous permettre d'identifier un ensemble d'objectifs, plutôt qu'une seule cible, en prévoyant une marge de manœuvre avec une hypothèse haute, une hypothèse basse et un seuil à ne pas franchir. Il n'y a pas de négociation possible sans marge de manœuvre. Définir sa marge de manœuvre, c'est se fixer :

1. Un objectif maximum – le meilleur résultat possible ;
2. Un objectif minimum – le résultat le plus bas acceptable ;
3. Un objectif cible – avec réalisme, ce que vous comptez obtenir.

Afin de faciliter le déroulement de la négociation, les objectifs doivent être classés par ordre de priorité. Des objectifs bien définis, classés de façon claire par ordre de priorité permettent au négociateur d'avoir une vue d'ensemble sur ceux qu'il lui faut atteindre absolument et ceux sur lesquels, il peut être souple. De ce fait, le négociateur aura une vision claire et ne sera pas facilement influencée par la position de l'autre partie.

Pour chaque objectif, il faut savoir si un mandat est obligatoire ou simplement souhaitable !

B. / Prévoir des solutions de repli

La fixation des objectifs permet de déterminer les solutions de repli. A cet effet, le négociateur doit élaborer avant la négociation sa meilleure solution de repli ou de rechange au cas où, la partie adverse refuse la négociation.

Pour ce faire, le négociateur doit identifier sa meilleure solution de rechange et viser toujours mieux que sa solution de repli. Il ne doit pas conclure la négociation si la solution est moins bonne que sa solution de repli.

§ 3. Elaborer une stratégie

La négociation doit toujours être considérée comme un des moyens prioritaires pour parvenir à un but. L'orientation générale donnée à l'action du négociateur, autrement dit l'organisation des tactiques, constitue la stratégie. S'engager dans une négociation sans méthode précise et sans stratégie claire est une erreur disqualifiante.

Il est indéniable que parmi les facteurs de réussite d'une négociation, on note : la création d'un climat propice au consensus, une bonne organisation de la négociation, le fait de garder l'initiative dans les débats, le respect de la partie adverse, le temps et la patience, le fait d'amener la partie adverse à penser comme soi. Mais pour y parvenir, il faut élaborer une stratégie.

La stratégie permet de façonner le climat de la négociation, de définir le meilleur chemin pour atteindre ses objectifs. Le secret d'une bonne négociation repose notamment sur une stratégie adéquate capable de conduire l'autre partie à choisir ce que vous voulez, tout en satisfaisant ses attentes.

Il n'y a pas de stratégie préconçue en matière de négociation. Plusieurs écoles s'affrontent sur la question, mais les choix d'ordre stratégiques sont, en général, dictés par les intérêts en jeu.

Une démarche très courante de négociation consiste à « *vouloir obtenir ce pour quoi on n'est venu, à gagner la négociation, et si l'on gagne l'autre partie aura perdu* ». Cette approche « *gagne-perd* » n'est, pour autant, pas judicieuse à long terme. Il ne faut jamais perdre de vue que :

- La négociation marque le début d'un processus, car vous devrez sans doute continuer à travailler ou à négocier avec l'autre partie.
- Votre attitude actuelle déterminera les attentes vis-à-vis de votre comportement futur. Dans ce cas, il est souhaitable d'opter pour la formule « *gagne-gagne* ».

Le bon négociateur est celui qui opte pour la stratégie « *gagnant-gagnant* », « *win-win* ». Il n'a pas besoin de mettre de l'huile sur le feu ou d'opérer un passage en force pour aboutir à un accord.

Par ailleurs, si vous négociez en tant qu'équipe, vous devez répartir les rôles. A cet effet, il faut régler un certain nombre de questions :

- Où se dérouleront les négociations ? Il est préférable que la négociation se déroule dans son entreprise. Cela permet d'avoir à sa portée toutes les informations nécessaires. En outre, ses collaborateurs pourront intervenir facilement en cas de besoin.
- Quelle sera la langue de négociation ? Si la langue de négociation est une langue étrangère, il faut s'assurer que l'on saisira toutes les subtilités de la négociation.
- Qui fera partie de votre équipe de négociation ? La composition de l'équipe doit tenir compte l'objet de la discussion.
- Quelle sera la taille de votre équipe ?
- Comment sera disposée votre équipe autour de la table de négociation ? Il faut choisir la disposition la plus pratique qui vous permettra, notamment de chuchoter entre vous ou d'échanger des petits mots.
- Qui dirigera votre équipe de négociation et par ricochet la discussion ?

- Qui vérifiera que tout est bien compris (faire la synthèse de ce qui a été dit) ?
- Qui posera des questions ? Qui répondra aux questions de l'autre partie ?
- Qui s'attachera à réduire les tensions et à montrer de l'intérêt pour les autres participants ?
- Qui prendra des notes ? Cette tâche revient en général au juriste du groupe. Bien que certains considèrent cette tâche comme ingrate[12], il est conseillé de conserver la main sur la rédaction du rapport. Cela permet de maîtriser le périmètre des discussions, ce qui peut constituer un avantage redoutable.

Avant de s'engager dans la négociation, il faut être sûr que l'on maîtrise tous les éléments permettant de contrôler, de décider et de réajuster ses positions en connaissance de cause.

SECTION 2 : CONDUIRE LA NEGOCIATION

La négociation est un art qui s'appuie sur l'expérience. Elle exige un certain talent, un sens de la diplomatie, des capacités d'adaptation, de réaction, d'imagination et d'inventivité qui ne sont pas à la portée de tous, mais qui peuvent s'apprendre.

Mais, la connaissance de certains principes est indispensable dans la conduite d'une négociation. Il faut discuter du problème, proposer des solutions et négocier un compromis.

§ 1. *Discuter du problème*

Dans une négociation, il important de dissocier les problèmes de personnes des problèmes de fond. Il faut

---

[12] En effet, il est fréquent lors des négociations de voir les rapporteurs se passer de la pause déjeuner, afin de finaliser le pré-rapport qui doit être prêt dans l'après-midi, en vue de sa validation par les parties en négociation. C'est aussi cela qui fait le métier.

discuter du problème et chercher à comprendre les problèmes et les objectifs de l'autre partie.

Pour cela, il faut, d'une part, avoir une bonne capacité d'écoute et, d'autre part, savoir poser les bonnes questions.

A. / Avoir une bonne capacité d'écoute

Négocier, c'est avant tout accepter l'existence de l'autre. Par conséquent, il faut l'écouter et le comprendre.

L'écoute est essentielle dans une négociation. Il est plus efficace d'écouter que d'avoir le verbe facile. Ainsi, il est conseillé d'écouter attentivement les idées de la partie adverse, même si celles-ci vous paraissent fantaisistes, car elle ne cherche pas nécessairement à vous piéger.

Au contraire, en écoutant ce que l'autre partie dit, on se familiarise avec ses inquiétudes, ses propositions et ses objectifs, on instaure un climat de confiance et de sécurité. Par conséquent, le fait de tenir compte des intérêts de son partenaire, peut l'encourager à tenir compte des vôtres.

Au cours de certaines négociations, il arrive souvent de se concentrer sur ce qu'on va dire quand l'autre aura fini, plutôt que d'écouter ce qui est entrain d'être dit. Cette attitude est à déconseiller.

B. / Poser les bonnes questions

Un négociateur doit savoir poser les bonnes questions pour accoucher la vérité. Cet exercice vous permet :

- d'obtenir plus d'information sur l'autre partie et de s'assurer que l'on comprend l'information qu'il vous a donnée ;
- de faire parler l'autre partie, d'étudier ses arguments, etc.

De manière générale, il y a deux types de questions : les questions ouvertes et les questions fermées.

Les *questions ouvertes* sont celles qui apportent une information. Elles commencent par un pronom interrogatif : qui, quoi, où, quand, comment, combien, pourquoi.

Les questions ouvertes permettent de prolonger le dialogue et aident les gens à parler. Elles ouvrent un sujet. Elles sont aussi utiles pour explorer plus en détail une réponse jugée insuffisante la première fois. Si votre adversaire est de mauvaise foi, la question ouverte l'obligera à expliciter sa position, avec de sérieux risques de contradiction.

Les *questions fermées* sont celles qui apportent une précision. Elles commencent par un verbe suivi du pronom sujet : Est-ce que … ? Pensez-vous que … ? La réponse est « OUI » ou « NON ».

Les questions fermées permettent d'obtenir une information exacte sur un sujet et d'éviter un malentendu. Elles peuvent aussi être employées lorsque vous voulez clôturer un sujet de discussion.

§ 2. Négocier un compromis

Rarement, une négociation se déroule suivant le plan prévu. Dans toute négociation, ce que vous cherchez à obtenir n'est jamais aussi facile qu'il n'y paraît. A cet effet, négocier, c'est savoir proposer des solutions, déjouer les pièges et pouvoir sortir des situations d'impasse.

A. / Proposer des solutions

La négociation est tout d'abord une affaire de bon sens et de rigueur. Pour présenter efficacement ses propositions, il faut les aborder point par point, en commençant par traiter les questions les plus faciles sur lesquelles vous pourriez rapidement vous accorder. Cette technique permet aux parties de se mettre rapidement en confiance avant d'aborder les points les plus délicats.

Avant de présenter ses arguments, il faut réfléchir aux alternatives. Il ne faut pas se contenter de la première solution que vous avez imaginée. Il faut présenter des solutions qui tiennent aussi compte des intérêts de la partie adverse.

Lorsque les intérêts en jeu divergent, il faut faire preuve de patience et d'adaptation pour aboutir à un compromis. Mais, il faut toujours garder à l'esprit ses objectifs. Chaque fois que vous faites une nouvelle proposition ou concession, vous devez être sûr qu'elle s'inscrit dans vos limites. Cela peut parfois demander une grande capacité d'analyse et de réaction.

Pour faire passer vos arguments, il existe quelques petits trucs et astuces qui peuvent parfois s'avérer utiles. Il faut les préparer, c'est-à-dire, les avoir avec soi. Parmi ces trucs et astuces, on peut citer :

- Des *anecdotes*, des *métaphores* et *petites histoires* qui permettent d'agrémenter un discours. Comme le dit un proverbe chinois, « une image vaut mille mots » et peut souvent susciter de l'intérêt et de la sympathie.
- De l'*humour* qui, bien utilisé, peut s'avérer efficace. Mais attention, l'humour est à manipuler avec précaution en fonction des personnes auxquelles vous vous adressez. Il ne faut pas oublier la dimension culturelle qui conditionne notre façon de penser, voire de négocier. Ce qui n'est pas offensant et humiliant dans notre culture peut l'être sans aucune évidence dans une autre culture, surtout lorsqu'on négocie avec des partenaires étrangers.
- Le *silence éloquent*, dans la mesure où le silence est une forme de communication. Un silence éloquent qui ponctue une phrase laisse la réflexion de votre

interlocuteur en suspend et soulignera vos arguments de manière plus convaincante.

B. / Déjouer les pièges

Dans une négociation, il faut savoir détecter et déjouer les pièges. Bref, il faut en sortir avec sourire et sérénité.

Quand, par exemple, la négociation fait place à la polémique, il faut garder son calme et si possible dénoncer l'attitude de votre interlocuteur et réexpliquer votre position. Dans ce cas, il faut contrecarrer les attaques personnelles, les procès d'intention, l'ironie, la dérision et les tentatives de déstabilisation.

Par contre, si votre interlocuteur veut faire un passage en force, il faut y résister. Dans ce cas, il faut l'écouter sans l'interrompre, prendre note de sa position et amorcer la parade en développant vos arguments.

L'argumentation permet d'étayer ses propositions. Elle doit être construite, solide et surtout basée sur des faits et des exemples concrets.

C. / Sortir des impasses

Certains négociateurs habiles proposent souvent de fausses impasses, notamment en faisant semblant de camper sur leur position, pour faire monter les enchères et obtenir plus. D'autres vont souvent jusqu'à provoquer des crises. Il ne faut pas les redouter, les crises, les impasses font partie du « jeu ». Il faut les affronter le plus tôt possible. En effet, une négociation qui se passe trop bien n'aborde peut-être pas les vrais problèmes ou est le fait de négociateurs qui n'ont pas la moindre intention de tenir leurs engagements et de mettre l'accord en œuvre.

Plusieurs parades existent face à de telles attitudes. Dans un premier temps, vous pouvez laisser temporairement de côté le point objet de l'impasse et passer aux autres points, avant d'y revenir à la fin de la négociation au point litigieux. Dans une négociation, quand les deux tiers des points de celle-ci sont déjà réglés, l'envie de franchir le dernier obstacle est grand.

Dans un second temps, on peut utiliser l'arme de la suspension de séance. Une impasse naît souvent de la fatigue, de la baisse de créativité, du fait que les deux parties tournent en rond. On pense souvent que les suspensions de séance ne se font que dans les négociations officielles ou importantes. Cela peut être utilisé dans presque toutes les négociations.

Les suspensions de séance sont à maints égards utiles. Elles permettent à chacun de souffler et donnent du temps pour la réflexion. Si vous négociez en groupe, cela permet aussi de vérifier si les arguments de l'adversaire sont fondés et de considérer les nouvelles suggestions / offres de l'autre partie. Ainsi, on évite de perdre du temps à essayer de connaître l'opinion du reste du groupe dans des négociations qui s'enlisent. Enfin, les suspensions de séances permettent également les rencontres « dans le couloir », de se détendre autour d'un café, d'une boisson, ce qui peut toujours être utile.

Dans un troisième temps, on peut scinder le point à l'origine de l'impasse en deux ou trois sous-problèmes afin de les traiter individuellement.

§ 3. Finaliser l'accord

Avant de finaliser un accord, il faut vérifier que les parties sont tombées d'accord sur tous les points objet de la négociation. Il faut s'assurer par des récapitulations que l'accord est bien compris et si possible proposer une confirmation écrite. Un compte-rendu du résultat des négociations, aussi informel soit-il, est souhaitable.

Si l'accord est oral, il est conseillé d'envoyer à l'autre partie une note écrite qui fait la liste des points acceptés, des désaccords, des interprétations et des clarifications telles que vous les percevez. Cela doit être fait aussitôt après la réunion[13].

Dans une négociation internationale, un OUI prononcé par un japonais ne veut pas forcément dire OUI, je suis d'accord, mais OUI j'ai compris. Aussi, il faut toujours avoir à l'esprit que la finalisation de négociation ne se fait jamais à la hâte.

Attention ! Lorsque l'accord est signé, il faut éviter les questions d'après négociation. Elles peuvent tout remettre en cause ou générer des frustrations.

Négocier, c'est aussi maîtriser le cadre juridique qui va sécuriser les pourparlers.

---

[13] Voir l'exposé de Mounir DABBABI sur les Techniques de négociation et de gestion des conflits, PNUD RCA, Juin 2007.

CHAPITRE 2
LES ASPECTS JURIDIQUES DES POURPARLERS

La formation du contrat n'est pas toujours un acte primitif par lequel un état de droit succède à un néant juridique, mais le point d'aboutissement de toute une période préparatoire de négociation soumise à l'intervention du droit. Au cours de cette période, les parties se rapprochent et explorent les possibilités de conclure entre elles un contrat.

Cette période qui sépare la rencontre des deux parties de la conclusion du contrat est plus ou moins longue suivant la nature et la complexité de l'opération envisagée. Pour certaines opérations, cette période peut durer des mois voire des années.

La phase des pourparlers est dominée par le principe de la liberté des négociations. Même si ce principe implique la liberté de conclure ou de ne pas conclure, chacune des parties devra veiller à négocier de bonne foi. A cet effet, aucune partie ne peut, d'une manière ou d'une autre et à aucun moment, tromper la confiance que lui a, à bon droit, portée l'autre partie.

Pour saisir les mécanismes de protection des parties durant la phase des pourparlers, il faut examiner sa nature juridique avant d'envisager sa rupture.

SECTION 1 : LA NATURE JURIDIQUE DES POURPARLERS

Le terme « pourparlers » désigne l'ensemble des discussions qui vont conduire les parties vers la conclusion du contrat. Ils équivalent à la phase de discussion du contrat.

Avant d'envisager les différentes formes de pourparlers, il convient d'examiner le devoir de loyauté qui caractérise cette période.

§ 1. Le devoir de loyauté

Le devoir de loyauté, qui prescrit aux parties de négocier de bonne foi, recouvre plusieurs aspects. Il impose aux parties une obligation d'information, sans laquelle il ne peut y avoir un consentement éclairé, mais également une obligation de confidentialité et un devoir de conseil et de diligence.

A. / L'obligation d'information

L'obligation d'information permet aux futurs contractants de mesurer la portée de leurs engagements et de contracter en parfaite connaissance de cause. Par conséquent, chaque partie doit fournir à l'autre, toutes les informations utiles sur l'opération qu'elles envisagent de conclure.

Dans la pratique, si l'un des négociateurs détient une information sur un fait pertinent, susceptible d'influencer le consentement de son partenaire, il se doit de la lui transmettre afin que celui-ci s'engage en pleine connaissance de cause. L'obligation d'information n'a de sens que si l'information était susceptible d'exercer une influence sur le consentement de l'autre partie, de telle façon qu'elle n'aurait pas conclu le contrat, ou ne l'aurait conclu qu'à des conditions plus favorables si elle avait eu connaissance.

Il convient de préciser que cette obligation n'est pas limitée aux relations entre particuliers, elle existe également entre professionnels, en application d'un principe de nécessaire confiance mutuelle entre cocontractants[14]. Sous ce rapport, la partie qui, au cours d'une négociation, dissimule une information de nature à influer sur le consentement de son partenaire engage sa responsabilité[15]. Toutefois, cette obligation d'information s'impose avec plus ou moins de rigueur, suivant la qualité des parties en présence.

Le principe est admis aujourd'hui « qu'il y a obligation d'informer celui qui ne peut s'informer ». En d'autres termes, l'obligation d'information ne dispense pas le créancier de cette obligation de son devoir de renseignement. Par conséquent, l'obligation peut être écartée lorsque le créancier de l'obligation d'information pouvait facilement se renseigner et ne l'a pas fait.

B. / Le devoir de conseil et de diligence

En dehors de l'obligation d'information, la jurisprudence a consacré un devoir de conseil qui s'imposera surtout dans les relations entre professionnel et profane. Le devoir de conseil est un segment de l'obligation d'information.

Le *fondement* du devoir de conseil, c'est le caractère « profane » du consommateur face au professionnel considéré comme éclairé. Donc, pour qu'un contrat souscrit entre les deux soit équilibré, il faut que le niveau d'information des deux soit relativement équilibré.

Le *contenu* du devoir de conseil est assez immatériel. Il perdure tout au long du contrat qui lie le professionnel au consommateur. Le conseil va consister à renseigner son client sur l'opportunité de passer une opération, il s'agit alors d'une *obligation de conseil positive*. Mais il peut également s'entendre comme un devoir de mise en garde sur les risques

---

[14] Cass. Com., 4 juillet 1989, *Affaire Publicis*.
[15] Cass. Com., 27 février 1996, *Affaire Vilgrain* et Cas. Com., 12 mai 2004, *Aff. Beley*.

encourus par le client ce que d'aucuns appellent le devoir de déconseiller : une *obligation de conseil négative.*

Le devoir de conseil se limite par contre à la *compétence* du conseiller, qui n'est pas forcément expert dans un domaine extérieur au sien : l'assureur n'est pas par exemple un expert en risque.

Le professionnel n'est pas non plus tenu au devoir de conseil si le consommateur *ne coopère pas,* s'il ne lui communique pas les informations qui auraient dû le pousser à donner un conseil particulier. En plus, le devoir de conseil ne s'applique pas aux informations *connues de tous*, qui n'ont pas forcément à être répétées par le professionnel.

Le devoir de diligence est également une déclinaison de l'obligation d'information. Il permet notamment de ne pas maintenir inutilement son partenaire dans l'expectative lorsque sa décision est prise, lorsqu'on ne veut plus poursuivre les négociations.

C. / L'obligation de confidentialité

Le devoir de loyauté impose également aux négociateurs de respecter *une obligation de confidentialité*, qui leur interdit d'exploiter ou de divulguer aux tiers les informations obtenues au cours des négociations. Il sera, en effet, déloyal de profiter des négociations pour soutirer les secrets d'affaires, voire les droits de propriété intellectuelle de l'autre partie.

Cette obligation, qui porte sur les informations obtenues au cours de la négociation, impose à la partie qui les reçoit de ne pas les divulguer ni les utiliser de façon indue à des fins personnelles. Cette obligation pèse sur les parties, que le contrat soit conclu ou non. La partie qui y manque pourra être condamnée à une indemnité contenant le cas échéant, le bénéfice qu'elle en aura acquis.

Il n'est cependant pas évident de déterminer les informations données à titre confidentiel de celles qui ne le sont pas. Il est donc conseillé d'encadrer ces informations. A cet effet, l'obligation de confidentialité peut faire l'objet d'un avant contrat qui intervient avant l'accord principal dans l'optique de permettre de définir les informations confidentielles, de déterminer le caractère réciproque ou non de l'information, enfin sa durée et les sanctions encourues en cas de violation[16].

§ 2. Les différentes formes de pourparlers

On distingue deux formes de pourparlers : les pourparlers informels ou simples et les pourparlers formalisés ou contractuels.

A. / Les pourparlers simples ou informels

Les pourparlers simples *constituent une proposition qui vise seulement à instaurer une négociation d'où naîtra peut-être un contrat mais sans que les éléments fondamentaux en soient encore exactement prévus.* C'est une phase de discussion qui ne donne lieu à aucun accord formalisé.

A ce moment, il ne s'agit que d'une discussion qui ne démontre pas la volonté de contracter. Il n'existe à ce stade de la négociation aucun engagement.

En revanche, les parties doivent garder un bon comportement. *Il est indispensable de garder le plus d'informations secrètes pendant les pourparlers simples, puisqu'il n'existe aucune réelle volonté des parties à contracter.* Or les juges ont besoin de preuves de négociations concrètes et non pas seulement d'une « discussion », en cas de différend.

---

[16] Voir les développements consacrés à cette question dans la partie portant sur les pourparlers formalisés.

B. / Les pourparlers contractuels ou formalisés

On regroupe les pourparlers contractuels sous le terme générique « *d'avant-contrats.* » Ce sont des contrats *dits préparatoires* destinés à réglementer la négociation du futur contrat définitif, économiquement ou juridiquement plus important. Par conséquent, l'avant contrat n'a pas la même force juridique que le contrat définitif parce qu'il ne fait que le préparer.

On distingue principalement deux formes d'avant-contrat : les contrats de négociation et les promesses de contrats.

1. LES CONTRATS DE NEGOCIATION

Encore appelé accord de négociation, le contrat de négociation a pour but de sécuriser la phase précontractuelle. Il comporte une obligation de négocier qui peut être renforcée par des clauses de confidentialité et d'exclusivité.

a) L'obligation de négocier

A travers le contrat de négociation, les parties s'engagent non pas à conclure un contrat, mais simplement à le négocier. Elles ne sont pas tenues d'aboutir à un accord, mais doivent tout mettre en œuvre pour négocier de bonne foi.

Le contrat de négociation sert de toile de fond à la négociation. Il contient le cadre à la fois financier et juridique dans lequel les parties souhaitent négocier et permet donc aux parties d'évaluer clairement la possibilité de concrétisation de l'opération afin de donner suite ou d'écarter l'offre.

Concrètement, le contrat de négociation permet de déterminer l'objet des pourparlers et le but poursuivi par les parties, de formaliser un calendrier de négociation que chacun s'oblige à respecter, notamment de fixer une date butoir à l'expiration de laquelle les parties sont libérées si elles ne sont toujours pas parvenues à un accord. Il permet également de fixer les modalités de répartition du coût de la négociation.

Cette obligation de négociation se matérialise généralement par des lettres d'intention, des engagements d'honneur ou des accords de principe.

A l'occasion des négociations contractuelles dont la durée semble longue, la lettre d'intention permet aux parties d'exprimer par écrit leur volonté de négocier. Elle leur permet aussi, de rechercher un accord sur les bases ou les points sur lesquels elles se sont déjà entendues. Tout ceci avant de savoir si elles parviendront enfin de compte à conclure un contrat entre elle.

Ce document n'a pas pour vocation de leur imposer de conclure coûte que coûte mais seulement de négocier de bonne foi les équilibres généraux et conditions spécifiques de la relation contractuelle envisagée. Une attention particulière doit donc être portée à sa rédaction et à son contenu. La lettre d'intention peut prendre plusieurs formes et plusieurs noms dont entre autres : *business deal memo, memorandum of understanding, heads of agreement, letter of intent*, *concept paper*, *entente de principe, term sheet, commitment letter, etc.*

Né de la pratique des affaires, un engagement d'honneur ou *gentlemen's agreements* est un engagement informel entre deux ou plusieurs parties qui souhaitent conserver une grande flexibilité dans leur rapport.

Par l'accord de principe, les parties s'engagent à poursuivre une négociation en cours afin d'aboutir a la conclusion d'un contrat dont l'objet n'est déterminé que de façon insuffisante. Par contre, quand l'élaboration d'un contrat est longue, et qu'il y a plusieurs points à régler, les parties peuvent ponctuer la négociation par des accords partiels.

L'accord partiel vise l'accord des parties sur certains éléments du contrat en cours de négociation sans que toutes les conditions en aient été réglées. Il ne donne pas lieu à une obligation de contracter, mais à une obligation de négocier loyalement.

b) Les accords de confidentialité

C'est l'une des premières clauses à laquelle il faut penser. La clause de confidentialité[17] a pour but de protéger le secret de certaines informations échangées entre les parties à la négociation[18].

Le secret constitue un enjeu économique. En effet, le savoir faire scientifique ou technique ainsi que toutes les informations et connaissances conduisant à la création, puis à l'exploitation d'un produit sont d'une importance primordiale pour l'exploitation commerciale de ce produit. Si les concurrents ont connaissance de ces informations, ils peuvent les utiliser pour développer leur propre produit. Un concurrent astucieux pourra développer un produit presque similaire tout en évitant l'action en contrefaçon.

Or, lorsqu'on s'engage dans la négociation d'un contrat, on peut être conduit à révéler certaines informations sensibles avec le risque de voir son partenaire rompre les pourparlers pour communiquer ces données à un concurrent ou s'en servir lui-même. Ce comportement déloyal peut bien sûr être sanctionné sur le fondement de la responsabilité délictuelle, cependant, la preuve est difficile à rapporter et l'information ayant déjà été révélée, le mal est, pour ainsi dire, déjà fait. C'est pourquoi il est prudent de faire signer à son partenaire de négociation un accord de confidentialité.

En pratique, l'engagement de confidentialité peut prendre la forme d'une simple clause et figurer comme une des obligations accessoires prévues par le contrat préparatoire.

---

[17] Elle est également appelée *non-disclosure agreement* ou accord de non divulgation.

[18] L'engagement de confidentialité est réservé à un individu, tandis que l'accord de secret engage une personne morale, et donc toutes les personnes y travaillant.

Mais, il peut également arriver que cet engagement constitue à lui seul l'unique objet de l'accord précontractuel.

L'accord de confidentialité présente un intérêt certain, car il astreint le bénéficiaire de l'information à une obligation de résultat. Ce dernier ne s'engage pas à mettre tout en œuvre pour garder l'information confidentielle[19], *mais s'engage à ce qu'elle soit gardée confidentielle*.

Ainsi, la seule constatation de la divulgation suffira à engager la responsabilité du bénéficiaire de l'information. Il ne sera point besoin d'apporter la preuve que celui-ci n'a pas mis en œuvre tous les moyens pour assurer la confidentialité. Autrement dit, il ne sera pas nécessaire de prouver l'existence d'une quelconque faute de sa part.

Mais certaines précautions doivent être prises afin de garantir l'efficacité de cette clause. Il faut :

- définir les informations couvertes par la confidentialité ;
- déterminer les personnes concernées par celle-ci et ;
- enfin préciser sa durée.

1ère précaution : Définir les informations couvertes par la confidentialité

Il est utile de définir les informations confidentielles couvertes par l'accord. Toutefois, il convient d'être assez vigilent à ce niveau, il ne s'agit pas de révéler la teneur des informations confidentielles, sans quoi elles seraient d'emblée communiquées à l'autre partie avant même que l'accord ne soit signé.

Il suffit simplement de délimiter le périmètre de l'obligation de confidentialité, notamment en précisant la nature des informations qui n'entrent pas dans le champ de l'accord. Cette délimitation tiendra compte, notamment, des

[19] Dans ce cas, on aura à faire à une obligation de moyens.

droits de propriété intellectuelle (brevets non encore déposés) qui ne sont pas encore dans le domaine public et qui ont encore un caractère secret.

Ce sera en effet à celui qui conteste le caractère secret de l'information d'apporter la preuve contraire, il en est ainsi d'une information tombée dans le domaine public. A défaut, il faudra démontrer que ces informations étaient confidentielles et que l'autre partie le savait.

2e précaution : Indiquer les personnes tenues par l'accord de confidentialité

L'accord de confidentialité lie en premier lieu les parties qui l'ont signée. Mais, il implique également les personnels de chaque partie et les tiers.

En raison de leur proximité avec le négociateur ou tout simplement de leur fonction au sein de l'entreprise, l'obligation de confidentialité doit être étendue à certains personnels des négociateurs. Dans le cadre d'une cession d'entreprise, pour permettre de réaliser l'audit, l'acquéreur potentiel est souvent obligé de mettre à la disposition de certaines de ses salariés les informations qui lui ont été communiquées par le vendeur.

Par conséquent, les parties doivent veiller à faire signer à leurs personnels impliqués par l'accord un engagement de confidentialité ou à insérer dans leur contrat de travail une clause de confidentialité.

L'accord de confidentialité peut être étendu aux tiers. Cette notion englobe, sans que la liste soit limitative, les fournisseurs, les consultants, les sous-traitants, les clients. Il faudra signer avec ces derniers des accords spécifiques de confidentialité dont les termes seront au moins équivalents à ceux de l'accord initial.

3e précaution : Préciser la durée de l'accord de confidentialité

L'obligation de confidentialité peut être limitée à la durée des pourparlers ou se prolonger au-delà de la signature de l'accord. Mais, en l'absence de clause spécifique, l'obligation dure le temps de l'accord qui s'éteint logiquement avec la fin de la négociation, ce qui peut être préjudiciable pour l'une des parties, surtout en cas d'échec des négociations, car les parties se trouvent libérées de leur obligation de confidentialité et peuvent alors divulguer ce qu'elles savent aux concurrents.

Les parties doivent déterminer la durée de l'accord de confidentialité en fonction de la nature du contrat et de l'information objet de la confidentialité. Les termes de l'accord de confidentialité pourront être repris, voire complétés dans le contrat définitif.

c) Les accords d'exclusivité

Ces accords ont pour objet d'interdire toute négociation parallèle avec un tiers. Ils visent à assurer la sécurité et la bonne marche des négociations.

Le fait de mener des négociations parallèles n'est pas une faute en soi, susceptible d'engager la responsabilité de son auteur, sauf s'il est dicté par l'intention de nuire ou s'accompagne de manœuvres frauduleuses. Dès lors, une partie peut nouer des pourparlers dans plusieurs directions sans être tenu d'en informer ses interlocuteurs.

Pour éviter de se trouver dans cette situation, il est conseillé de prévoir dans l'accord encadrant la négociation une clause d'exclusivité, afin d'interdire à l'autre partie de négocier ailleurs parallèlement, sous peine d'engager sa responsabilité contractuelle. Les parties à la négociation peuvent toutefois *tempérer cette exclusivité* en prévoyant les modalités d'une négociation parallèle, à travers une *clause de préférence*.

Par la clause de préférence, une partie accepte le principe de la négociation parallèle à condition qu'on lui accorde une préférence. Par exemple, si Alpha négocie avec Gama et entretient une négociation parallèle avec Lambda, et que Gama s'aligne sur l'accord parallèle, alors la préférence ira à Gama et non au partenaire de la négociation parallèle.

Il peut arriver qu'une partie, en dépit de cette clause, mène avec un tiers des négociations parallèles qui aboutissent à la conclusion d'un contrat. Quel sera le sort d'un tel contrat ? Ce contrat restera valable, sauf si le tiers a agi de mauvaise foi.

Pour décourager de telles attitudes, il est conseillé de *renforcer l'exclusivité* des négociations par une *clause de sincérité* ou par une *clause pénale*.

La clause de sincérité oblige les parties à révéler les négociations parallèles qu'elles ont engagées, ou ont l'intention d'engager, sous peine de voir leur responsabilité aggravée. Il convient à cet égard de préciser les informations qui doivent être communiquées, notamment le nom du tiers, l'état d'avancement des pourparlers, dans la limite du préjudice susceptible d'être ainsi infligé au tiers.

La clause pénale a pour objet de fixer par avance un montant forfaitaire des dommages intérêts dus en cas de manquement à l'obligation d'exclusivité. L'idée étant de fixer un montant suffisamment élevé pour dissuader les partenaires de violer la clause d'exclusivité.

2. LES PROMESSES DE CONTRAT

La promesse de contrat constitue l'exemple type même du contrat préparatoire. Il intervient à un stade très avancé des pourparlers. Cette promesse de contrat peut se présenter sous deux formes : la promesse unilatérale et la promesse synallagmatique.

a) La promesse unilatérale de contracter

La promesse unilatérale de contracter est un contrat par lequel une partie, le promettant, s'engage envers une autre, le bénéficiaire, à conclure un futur contrat dont les conditions sont déjà déterminées, si ce dernier le lui demande dans un délai déterminé dit le *délai de levée d'option.* C'est cette existence d'une option qui différencie la promesse unilatérale de la promesse synallagmatique.

La promesse unilatérale n'engage que l'une des parties : le promettant. Celui-ci s'oblige, d'une part, à ne pas contracter avec un tiers durant le délai de levée d'option et, d'autre part, à contracter avec le bénéficiaire, dans ce délai, s'il le souhaite.

On peut s'interroger sur ce qui adviendrait si le promettant conclut le contrat avec un tiers durant le délai d'option ? Si le bénéficiaire est libre de négocier avec un tiers et même de contracter avec ce dernier, tel n'est pas le cas du promettant.

Si le bénéficiaire n'a pas levé l'option, le promettant qui rompt la promesse engage sa responsabilité contractuelle et pourra être condamné au payement de dommages et intérêts. Par contre, si le tiers avec qui le promettant a contracté est de mauvaise foi, c'est-à-dire s'il connaissait la promesse, sa responsabilité délictuelle pourra être engagée et le cas échéant, le bénéficiaire pourra se substituer à lui et devenir propriétaire à sa place s'il lève l'option durant le délai.

Les formes les plus courantes des promesses unilatérales de contrat sont : les *pactes de préférence* et les *promesses unilatérales de vente.*

Le pacte de préférence est le contrat par lequel une personne (le promettant) s'engage envers une autre personne qui l'accepte (le bénéficiaire de la promesse) à lui proposer en priorité la conclusion d'un contrat si elle se décidait à conclure. L'accord porte sur le principe même du contrat, et non sur ses conditions essentielles qui n'auront pas à être déterminées avec précision.

Seul le promettant est engagé. Son engagement ne porte pas sur la conclusion du contrat mais sur le fait qu'il propose en priorité au bénéficiaire de la promesse la conclusion du contrat. Le pacte de préférence est en cela moins contraignant que la promesse de contrat.

Dans la promesse unilatérale de vente, le promettant s'engage envers une partie, le bénéficiaire, à conclure la vente si le bénéficiaire le souhaite. Contrairement au pacte de préférence, l'engagement du promettant porte sur la conclusion du contrat. Par conséquent, le contenu du contrat doit être suffisamment déterminé.

b) La promesse synallagmatique de contracter

La promesse synallagmatique de contracter est un contrat par lequel les parties s'engagent réciproquement à conclure définitivement un contrat. Contrairement à la promesse unilatérale, les deux parties sont engagées.

L'intérêt d'une telle promesse est évident lorsque le contrat définitif requiert une formalité particulière pour sa validité, ou lorsque les parties ont besoin d'un délai supplémentaire. Les parties peuvent ainsi donner leur accord au contrat définitif mais prévoir l'accomplissement ultérieur d'une formalité pour parfaire leur engagement ou attendre par exemple l'obtention d'un prêt pour réaliser définitivement l'opération projetée.

Dans la pratique, il n'est pas facile de dissocier la promesse synallagmatique du contrat définitif sauf lorsque le contrat définitif est soumis à un formalisme particulier (acte authentique ou notarial) alors que la promesse synallagmatique n'est soumise qu'à un acte sous seing privé. Elle est considérée comme équivalente à quelques détails près du contrat lui-même.

En cas de rupture unilatérale de la promesse synallagmatique, une partie pourra obtenir des dommages et intérêts.

SECTION 2 : LA RUPTURE DE POURPARLERS

Pendant la période des pourparlers, les parties ne sont encore pas engagées l'une envers l'autre. Aussi, elles disposent de la possibilité de la liberté de poursuivre les négociations et de conclure ou non le contrat envisagé. Mais, il s'agit d'un régime de liberté surveillé[20], car toute rupture abusive des pourparlers est susceptible d'engager la responsabilité de son auteur.

Ainsi, en cas de rupture abusive des pourparlers, la partie responsable devra réparer le préjudice subi par son partenaire. Il convient donc d'examiner, d'une part, le caractère fautif de la rupture des pourparlers et, d'autre part, le préjudice réparable.

§ 1. Le caractère fautif de la rupture des pourparlers

Durant la période de pourparlers, le droit impose un minimum de « *fair play* » aux parties. La décision de rupture ne doit pas être intempestive ou abusive, bref elle ne doit pas être fautive. Cette faute consiste en un manquement à l'obligation de bonne foi et de loyauté que tout négociateur doit s'efforcer de respecter.

Pour caractériser la faute, les juges examineront les circonstances de fait qui ont entourées la rupture[21]. Divers éléments sont pris en compte pour apprécier le caractère

---

[20] Denis MAZEAU, « La genèse des contrats : un régime de liberté surveillée », Droit et patr. 1996, n°40, p.44.

[21] Puisque chaque personne est libre de conclure le contrat et par conséquent de ne pas conclure, la faute ne consiste pas en la rupture mais réside dans les circonstances qui ont entourées celle-ci.

abusif de la rupture : l'avancement des pourparlers, la rupture tardive, la brutalité de la rupture, l'absence de motif légitime.

A. / L'avancement des pourparlers

Au fur et à mesure qu'avancent les négociations, l'obligation d'aboutir à la conclusion du contrat envisagé s'intensifie, surtout lorsque les parties ont déjà trouvé un accord sur plusieurs points importants. Ainsi, l'abus sera retenu si les parties étaient en négociation depuis une durée considérable, avaient abordé et résolu les point-clés.

La durée des pourparlers fait augmenter presque proportionnellement l'obligation d'aboutir à un accord. Il en est ainsi d'une rupture qui survient après des pourparlers longs, complexes, extrêmement avancés et ayant occasionné d'importants frais justifiés par l'appel à des spécialistes aux fins d'établir un projet. Tel ne sera pas le cas, si les parties venaient à peine d'entrer en contact et n'avaient abordé que des points préliminaires ou en étaient encore à évaluer les risques et les chances du contrat envisagé.

Les tribunaux restent cependant prudents quant à la reconnaissance d'une rupture fautive : seul un comportement manifestement abusif donne lieu à la mise en cause de la responsabilité. L'obligation de bonne foi n'implique pas celle de parvenir à la conclusion d'un accord. Le fait, par exemple, de rompre des discussions qui s'enlisent peut bien entendu n'être pas fautif.

B. / La croyance légitime de l'autre partie

Si les pourparlers sont de nature à créer chez l'une des parties une croyance légitime que le contrat envisagé sera conclu, sa rupture sera considérée comme fautive. Bien que souvent difficile à évaluer, la croyance légitime s'apprécie au regard des échanges qui ont eu lieu entre les parties.

La faute, qui réside dans le fait de tromper la confiance légitime de son partenaire, doit être appréciée au regard de ce qu'un homme sérieux et diligent aurait pu croire s'il était placé dans la même situation. Le juge fera une appréciation *in concreto* de la situation.

Ainsi, les tribunaux s'évertueront à examiner le comportement de l'auteur de la rupture. Celui-ci sera d'autant plus blâmable s'il a suscité chez l'autre partie la confiance dans la conclusion du contrat envisagé. C'est notamment le cas, lorsqu'une partie laisse espérer à son partenaire la conclusion d'un accord définitif pendant quatre années ou poursuivre des négociations qu'il sait à l'évidence vouées à l'échec.

Néanmoins, l'imprudence de la victime qui, par exemple, a engagé des dépenses inconsidérées alors que les pourparlers n'avaient pas encore atteint un stade avancé et que la conclusion du contrat n'était qu'hypothétique, pourrait aboutir à la limite à un partage des responsabilités. Il va de soi que la crédulité du professionnel sera appréciée plus sévèrement que celle d'un simple consommateur.

C. / La brutalité de la rupture

Une négociation menée de longue date ne se rompt pas sur un coup de sang ou par un simple coup de téléphone le jour prévu de la signature. Il est nécessaire d'avoir un minimum d'égard envers son partenaire.

Les juges sont sensibles à la manière dont les négociations sont rompues et n'hésitent pas à sanctionner le négociateur qui met fin aux discussions de façon cavalière ou brutale. Il a ainsi été condamné le fait de faire connaître à son partenaire son refus de contracter, la veille de la signature prévue, ou encore de l'informer simplement par téléphone.

Il est donc fortement recommandé de notifier par écrit son intention de mettre fin aux discussions et ce, dès que la décision est prise.

D. / L'absence de motif légitime

Les juges recherchent d'avantage l'absence de motif légitime dans la rupture des pourparlers, car la nécessité d'avancer un motif pour mettre fin aux pourparlers limiterait considérablement la liberté des partenaires aux négociations, par ailleurs affirmée. Ainsi, le fait de se retirer des pourparlers sans motif sérieux et objectif constitue une faute susceptible d'engager la responsabilité de son auteur.

Le fait, par exemple, de se retirer des négociations, pour des considérations qui n'ont rien avoir avec la qualité du produit objet de la négociation, peut être considéré comme abusif. Il en est ainsi de la partie qui se retranche derrière les « considérations internes au groupe » auquel il appartient pour abandonner les négociations[22].

Lorsque les fiançailles sont sincères, on n'attend pas la veille du mariage, généralement lorsque sa partenaire vous a déjà dévoilé sa pudeur, pour découvrir que ses parents sont opposés à l'union. Même si les fiançailles sont régies par le principe de la liberté contractuelle, ce motif parait assez spécieux.

De même, la partie qui entame des négociations avec une autre, afin que celle-ci n'en entame pas avec un de ses concurrents et qui abandonne ensuite sans avancer de motif commet une faute. Ainsi, le partenaire doit être informé des raisons qui motivent la rupture.

Par contre, il convient de mentionner que le blocage des négociations sur des points essentiels peut constituer un motif sérieux et objectif de rupture.

---

[22] Cass. Com. 7 avril 1998, n°95620.361

§ 2. Le préjudice réparable

Une fois le caractère abusif de la rupture établi, la juge doit déterminer le préjudice réparable. Selon le droit commun de la responsabilité délictuelle, le préjudice n'est réparable que s'il est direct et certain.

Ce préjudice résulte des dépenses effectuées dans le cadre des pourparlers. Il peut résulter du trouble commercial ou de l'atteinte à son image.

A. / Les frais financiers engagés

La phase des pourparlers engendre souvent certaines dépenses tels que les frais occasionnés pour l'étude de faisabilité du projet objet des pourparlers, les frais de voyage, etc. Il est équitable, du moment qu'une faute a été reconnue de la part des auteurs de la rupture, d'admettre l'indemnisation des frais engagés pour l'aboutissement des pourparlers.

Toutefois, le comportement de la « victime » peut aboutir à un partage de responsabilité et à une réparation partielle du préjudice subi. Ainsi, le tribunal pourra prendre en compte l'empressement éventuel de la victime à s'exécuter ou à effectuer des dépenses alors que l'autre partie n'avait émis que des promesses.

B. / L'atteinte à l'image

L'atteinte à l'image, du fait de la rupture des négociations, peut également constituer un préjudice réparable. Dès lors que l'existence de négociations est connue, leur rupture peut entraîner une atteinte à l'image ou au crédit de la victime et faire douter de son sérieux. Il s'agit d'un préjudice moral, qui est très subjectif, et dont l'évaluation n'est pas facile à établir.

Par contre, l'indemnisation de la perte d'une chance pose beaucoup plus de problème. La partie victime de la rupture peut-elle prétendre à des dommages et intérêts au titre du manque à gagner résultant de la non conclusion du contrat, c'est-à-dire de la perte d'une chance de conclure le contrat envisagé ? La Cour de Cassation française[23] a répondu par la négative.

Elle considère que la rupture des pourparlers ne peut être la cause du préjudice de la perte d'une chance de tirer profit du contrat, puisqu'une telle rupture relève de la liberté contractuelle de contracter ou de ne pas contracter et ne constitue donc pas une faute. Cette position peut se comprendre car, comme nous l'avons vu, en matière de rupture des pourparlers, la faute ne réside pas dans la rupture, mais dans la façon selon laquelle la rupture a été faite. Or, la chance perdue résulte des pourparlers et non des circonstances ayant entourées la rupture.

---

[23] Cass. civ. 3ème, 28/06/2006, pourvoi n° 04-20.040

DEUXIEME PARTIE
LA REDACTION DES CONTRATS

Avant de s'engager dans la rédaction d'une convention, il est fort utile de bien maîtriser les techniques de rédaction. Chaque rédaction de contrat est différente, car c'est une entente entre deux parties concernant leurs choix et leurs désirs respectifs.

Les stipulations contractuelles doivent être *compréhensibles*. En outre, le contrat doit comporter les clauses essentielles. Les clauses essentielles sont celles dont l'absence est susceptible de vicier le contrat. Elles correspondent aux exigences minimales de précision du contrat et sont nécessaires pour son existence.

Les parties doivent respecter les formes grammaticales. La ponctuation comme l'emploi des prépositions doivent être maîtrisés. Une virgule mal placée peut changer le sens d'une phrase, et par conséquent créer la confusion.

Un exemple relevé dans l'arrêt rendu par la Cour d'Appel de Paris le 25 mars 1988 illustre bien cette situation : « Le fournisseur garantit la maintenance du système, et la mise à niveau technologique gratuitement pendant une durée de cinq ans… ». Cette rédaction a permis aux juges de décider que la gratuité du service ne concernait pas la maintenance et s'appliquait uniquement à la mise à niveau technologique.

Il existe deux types de rédaction :

- La rédaction de type « *civil law* » qui se fait en fonction des concepts du droit romano-germanique. Elle s'articule ainsi en fonction des exigences du droit civil, qui est un droit conceptuel que les juristes interprètent pour donner une solution aux cas particuliers. Cela se traduit par une pratique de contrats succincts mais fortement implicites.
- La rédaction de type « *common law* » qui se caractérise par sa longueur et son style détaillé. En l'absence des règles codifiées facilement accessibles, le rôle du contrat est de constituer une « bible », dans laquelle on tentera de tout prévoir afin d'éviter l'intervention du juge ou de l'arbitre.

En l'absence d'une norme de présentation des contrats, la manière de présenter un contrat peut varier d'un rédacteur à un autre[24]. De manière générale, les contrats sont rédigés suivant une approche linéaire qui permet d'agencer les clauses du contrat qui se ressemblent les unes à la suite des autres.

En tout état de cause, les contrats sont conçus à l'aide d'une structure-type, afin que la logique de l'entente entre les parties puisse être clairement reflétée. La structure-type d'un contrat comporte :

- les stipulations communes figurant au début du contrat ;
- les stipulations relatives au corps du contrat et ;
- les stipulations communes figurant à la fin du contrat.

---

[24] Malheureusement, dans les curricula officiels des facultés de droit, il n'existe pas, à ce jour, d'enseignement spécifique sur l'art et la science de la rédaction des contrats. Le droit des contrats est abordé de manière très théorique à travers le cours de droit des obligations ou des contrats spéciaux.

CHAPITRE 1
LES STIPULATIONS COMMUNES FIGURANT AU DEBUT DU CONTRAT

De manière générale, et même s'il n'existe pas de norme de présentation des contrats, figurent au début des contrats un certain nombre d'indications révélatrices de l'opération envisagée par les parties. Ces indications concernent :

- le titre,
- l'identification des parties,
- le préambule,
- les définitions et,
- la désignation du système juridique applicable au contrat.

SECTION 1 : LE TITRE

Comme tout acte juridique, un contrat devrait indéniablement se doter d'un nom, c'est-à-dire d'un titre. Il ne s'agit pas de conférer un signe distinctif au contrat, loin s'en faut. Donner un titre à un contrat participe à une fonction juridique, dont il convient de préciser l'intérêt ou la portée avant de mentionner les écueils à éviter.

§ 1. Intérêt / Portée

Y'a-t-il un intérêt à donner un titre au contrat ? Donner un titre à un contrat revient à le qualifier, c'est-à-dire à déterminer le régime juridique qui lui est applicable. Le titre suggère la nature juridique de la relation contractuelle qui se noue.

A cet effet, le titre doit refléter, en peu de mots, le contenu réel du contrat. C'est pourquoi il faut le choisir avec soin, même s'il est vrai que dans certaines opérations complexes, les parties n'ont guère le choix qu'entre le générique « contrat » et une dénomination de fantaisie.

§ 2. Conseils et écueils à éviter

Le choix d'un titre et/ou une qualification du contrat n'est pas obligatoire et ne lie pas le juge qui peut procéder à une requalification du contrat.

Par conséquent, il faut éviter *toute contradiction entre la qualification affichée et la qualification susceptible le cas échéant d'être induite par le juge à l'analyse globale des clauses du contrat.* En effet, en cas de contentieux porté devant une juridiction, le juge ou l'arbitre tentera, au regard de l'intégralité du contrat, de requalifier le contrat pour le rattacher à un régime juridique.

Par exemple, il ne suffit pas de dénommer une relation de travail par le titre « contrat de prestation de services », pour échapper à l'application des règles du droit du travail.

SECTION 2 : L'IDENTIFICATION DES PARTIES

Parmi les conditions de validité des contrats, figure le consentement des parties qui s'obligent et leur capacité juridique de contracter, soit en tant que personne physique, soit en tant que personne morale.

Il convient de préciser le contenu de cette clause et sa finalité avant d'envisager les écueils à éviter au moment de sa rédaction.

§ 1. Contenu de la clause d'identification des parties

L'identification des parties est assurée par quelques informations d'Etat civil :

- nom du partenaire personne physique, raison ou dénomination sociale du partenaire personne morale ;
- domicile de la personne physique ou siège social pour les personnes morales ;
- nationalité pour les personnes physiques ainsi que, parfois, d'autres informations complémentaires (montant du capital social de la société, numéro d'inscription au registre du commerce et du crédit mobilier de l'entreprise).

Les personnes morales ne sont pas des personnes humaines en chair et en os. Elles ne peuvent contracter que par l'entremise de personnes physiques qui en constituent les organes. A cet effet, il convient d'indiquer le titre et le nom de la personne physique qui représente la personne morale et de se renseigner pour savoir si ce dernier a effectivement la qualité de représentant et s'il dispose des pouvoirs suffisants pour réaliser l'opération envisagée.

Quand le contrat est un contrat simple et met en présence deux parties seulement, il est généralement aisé de qualifier le rôle que chacune des parties aura dans l'opération contractuelle. On n'aura aucune difficulté, par exemple, à déterminer que X est le vendeur et B est l'acheteur même si cela n'a pas été mentionné expressément au début du contrat.

Des précisions apparaissent nécessaires lorsque l'opération est plus compliquée, en particulier parce qu'elle met en présence plus de deux personnes. Citons à titre d'exemple, le contrat de prêt où figurent les signatures des prêteur, emprunteur et caution, voire des prêteurs emprunteurs et cautions.

§ 2. Intérêt / Portée

L'identification des parties est importante car :

- c'est au niveau des parties ainsi identifiées que devront être appréciées un certain nombre de conditions du contrat (consentement, capacité…) ;
- c'est à ce même niveau que se produiront les effets du contrat. Ceci est extrêmement important.

En effet, lorsqu'on traite avec une société appartenant à un groupe, il faut bien se rendre compte que c'est avec elle et point avec lui qu'on contracte, que c'est elle qui sera la débitrice et non le groupe. Il faut y songer au moment de passer un contrat car la solvabilité de l'un ou de l'autre n'est peut être pas la même.

§ 3. Conseils et écueils à éviter

Le *principe de spécialité* interdit aux personnes morales de faire des actes étrangers à l'objet social. Néanmoins, cette règle est fortement atténuée dans la pratique :

- par la définition très extensive de l'objet social dans les statuts ;
- vis-à-vis de tiers de bonne foi, la société (à l'exception des sociétés de personnes) est engagée même par les actes des dirigeants qui ne relèvent pas de l'objet social[25] ;
- les clauses statutaires limitant les pouvoirs des dirigeants sont inopposables aux tiers.

Il faut bien identifier les partenaires au contrat en vérifiant qu'ils aient la personnalité morale (juridique). Sauf à invoquer la théorie de l'apparence, un contrat signé au nom d'une structure dépourvue de la personnalité morale (exemples : école, laboratoire…), ou signé par une personne physique non habilitée, n'a aucune valeur juridique !

---

[25] Voir les articles 329, 436, 465, 497 et 498 de l'AUDSC et GIE

Il faut bien vérifier que les personnes physiques signataires du contrat sont bien habilitées à le faire et engagent en conséquence les partenaires respectifs. La vérification des pouvoirs de la personne qui représente la personne morale (société) pour signer le contrat est indispensable au moment de la conclusion du contrat.

En effet, si le signataire du contrat n'est pas le représentant légal de la société au sens de l'Acte uniforme OHADA relatif au droit des sociétés commerciales et du groupement d'intérêt économique (président, directeur général, gérant,...), ni titulaire d'une délégation de pouvoirs l'habilitant à engager la société ou d'un pouvoir spécial le désignant nommément pour conclure le contrat considéré, la nullité du contrat pourrait être ultérieurement demandée. Cette nullité peut être demandée aussi bien par l'autre partie que par la société elle-même.

Il m'est souvent arrivé de relever dans certains contrats, que la société à responsabilité limitée est représentée par un directeur général. Il n'existe pas de directeur général dans une société à responsabilité limitée, qui est dirigée par un gérant. Lorsqu'on est friand de titre, il faut créer une société anonyme pour devenir président directeur général ou directeur général.

Lorsque vous contractez avec une personne physique, il est indispensable de vérifier son identité et sa capacité. Pour contrôler l'identité de la personne physique avec laquelle on contracte, il est indispensable de lui demander les renseignements nécessaires à son identification précise, notamment un extrait de son état civil.

Dans la pratique, les parties négligent souvent de demander une telle pièce. Or, elle permet de vérifier si la personne physique avec laquelle vous contractez a la capacité pour s'engager. Par conséquent, il n'y a rien d'inconvenant à solliciter de tels renseignements.

Un mineur, par exemple, ne peut valablement contracter que par l'intermédiaire de ses parents ou de son tuteur, car il est soumis au régime de l'administration légale. Cette remarque vaut pour les majeurs sous tutelle ou sous curatelle.

Il faut également vérifier si l'entreprise s'engage :

- en son nom et pour son propre compte ou en tant que mandataire,
- solidairement vis-à-vis du partenaire et en mesurer les conséquences.

Toutes les parties au contrat, y compris les divers intervenants, par exemple une caution, doivent être décrites de façon détaillée. Il en est de même des tiers participants, c'est-à-dire des personnes dont la participation au contrat est requise mais qui n'y sont point parties (témoins, notaire, ...). Afin d'alléger le texte, les parties pourront être désignées par un ou deux mots ou encore par des initiales (exemple : « ci-après appelé « le vendeur » »).

Exemple de clause d'identification des parties (il s'agit d'un contrat entre une personne morale et une personne physique) :

ENTRE

La société *<dénomination sociale>*, Société *<forme juridique>* au capital de *<montant>* Francs, dont le siège social est *<adresse du siège social>*, immatriculé au Registre du Commerce et du Crédit Mobilier de *<ville>* sous le numéro *<n° d'inscription>*, représentée par M./Mme <nom et prénom>, ayant pour fonction *<fonction>*, et ayant tous pouvoirs à l'effet des présentes,

ci-après désignée le « PRESTATAIRE », d'une part,

ET

Monsieur / Madame *<nom et prénom>*, Profession *<profession>*, né(e) le <date> à *<lieu>*, fils(lle) de *<nom du père>* et de *<nom de la mère>*, titulaire de la carte d'identité ou passeport n° *<numéro>* délivré à *<lieu>*, de nationalité *<nationalité>*,

ci-après désigné le « CLIENT », d'autre part,

Le « PRESTATAIRE » et le « CLIENT » étant par ailleurs désignés les Parties

SECTION 3 : LE PREAMBULE

Encore appelé « exposé des motifs » ou « préliminaire », le préambule est une clause généralement placée en début de contrat, juste après la présentation des parties. Il convient d'en préciser son contenu, sa portée avant d'envisager les écueils à éviter lors de sa rédaction.

§ 1. Intérêt / Portée

Les parties qui rédigent un préambule désirent soit rappeler l'environnement du contrat qui conditionne leur engagement, à savoir l'existence de contrats connexes, la compétence particulière d'une partie, les objectifs qu'elles poursuivent ou encore les circonstances qui prévalent au moment de la conclusion, soit résumer le contrat auquel cas il est adressé simplement aux tiers ou aux dirigeants de l'entreprise. Bref, il s'agit d'un résumé des motifs ayant amené les parties à contracter l'une avec l'autre.

Outre le fait de retracer les grandes étapes ayant abouti à la conclusion du contrat, le préambule sera d'une grande utilité chaque fois que le juge ou l'arbitre sera saisi relativement à des divergences d'interprétation du contrat. Il s'appuiera sur le préambule pour prendre sa décision, notamment en recherchant la commune intention des parties.

Une différence d'interprétation du préambule existe entre les pays de « *Common law* » et les pays de « *Civil law* » :

- dans les pays de « *Common law* »: la volonté déclarée a plus d'importance que la volonté réelle des parties. Les juges ne vérifient pas si les termes employés correspondent bien à la réalité. Ils recherchent ce qu'un homme raisonnable donnerait à l'expression de la volonté telle qu'elle est exprimée dans le contrat ;
- dans les pays de « *Civil law* » : la vérité réelle l'emporte sur la vérité déclarée. Les juges vont au-delà des écrits pour rechercher ce que les parties ont vraiment voulu dire.

Dans les deux types de systèmes juridiques, le préambule a un rôle interprétatif mais il est moins accentué dans les pays de « *Common law* ». Dans ces pays, si les dispositions du corps du contrat sont claires, il n'est pas fait recours au préambule. Dans les pays de « *Civil law* », le juge cherche si la volonté exprimée dans le contrat correspond à la volonté réelle des parties et s'aide si nécessaire du préambule. Il peut donc s'y référer même s'il n'y a pas d'ambiguïté.

En outre, en rappelant le lien économique qui existe entre le contrat qui est conclu et des contrats précédents, cela permet de mieux comprendre le contenu du nouveau contrat. De même, le rappel des circonstances qui ont entouré la négociation et qui prévalent au moment de la conclusion du contrat permettent une meilleure interprétation et une meilleure mise en œuvre des clauses de hardship.

En règle générale, le préambule ne contient pas d'engagement. C'est le contrat proprement dit qui définit les droits et les obligations des parties. *L'effet juridique principal du préambule est l'interprétation du contrat***.** En effet, on y retrouve les circonstances, les explications, les compétences des parties, les motivations à contracter, les objectifs poursuivis, etc.

Attention ! Très souvent sous-estimé par les parties, le préambule a cependant la même valeur que les autres clauses du contrat.

§ 2. Conseils et écueils à éviter

Souvent lorsque deux parties parviennent à se mettre d'accord à la fin d'une longue période de négociations, c'est l'euphorie si bien qu'elles négligent complètement la rédaction du préambule. Or, ce dernier ne doit pas être pris à la légère car il peut avoir des effets juridiques très importants en cas de litiges.

Il peut arriver que le préambule soit limité au résumé du contrat. Ce genre de contenu peut être dangereux car des contradictions peuvent apparaître entre les engagements des parties dans le corps du contrat et le contenu du préambule, soulevant des difficultés d'interprétation.

Normalement, les obligations des parties sont stipulées dans le corps du contrat. Si certaines obligations sont reprises dans le préambule, *il faut être attentif à ce qu'il n'y ait pas de contradictions avec celles qui sont énoncées par ailleurs.* Il vaut mieux ne pas donner de détails dans le préambule et insister uniquement sur les spécificités et les constatations importantes.

Dans le préambule, il est souvent fait mention des compétences particulières d’une des parties ou bien de la qualité toute particulière d’un des produits. Il n’est pas interdit d’utiliser ces compliments flatteurs, comme « leader mondial », « mondialement reconnu ».

Attention ! Ces louanges, qui ne sont pas dénuées d’arrière-pensées, accroissent la responsabilité de la partie dont on souligne la compétence. En effet, en cas de différend, le juge ou l’arbitre saisi du dossier se montrera beaucoup plus exigeant vis-à-vis de la partie qui a été la plus flattée.

Exemple de préambule :

« ETANT PREALABLEMENT RAPPELE QUE :

La société ……..est spécialisée dans la fabrication et la distribution sous la marque ………. de produits et/ou services ……...

La commercialisation de ces produits et services est assurée au moyen d'un réseau de distributeurs exclusifs regroupés sous l'enseigne ……...

La société …………… a souhaité pouvoir bénéficier de la qualité de Concessionnaire exclusif.

Les parties se sont rapprochées afin de confier à la société …………la commercialisation, en qualité de Concessionnaire, des produits et services.

IL A ETE ENSUITE CONVENU ET ARRETE CE QUI SUIT : »

SECTION 4 : LES DEFINITIONS

Parfois, il peut être approprié de définir certains mots ou expressions qui seront utilisés dans le contrat. Il convient de préciser la portée de cet exercice avant d'envisager les écueils à éviter dans sa rédaction.

§ 1. Intérêt / Portée

L'insertion de termes de référence ayant la même signification pour les deux parties permet :

- la réduction des incertitudes sur les principaux termes utilisés et donc la suppression des ambiguïtés ;

- la simplification et l'allégement de la rédaction dans la mesure où la définition est donnée une fois pour toutes, le même terme ayant le même sens dans l'ensemble du contrat.

En résumé, cet exercice permet aux parties de s'entendre sur un vocabulaire commun qui assure la commune compréhension du contrat. Les parties sont liées par les définitions insérées.

L'utilité des définitions est incontestable dans les accords internationaux. Il s'agit d'un moyen de traduction par la mise en place de termes équivalents dans les différentes langues en présence. Les parties s'entendent sur un contenu car une traduction directe pourrait être une source de confusion.

§ 2. Conseils et écueils à éviter

Il est fortement conseillé de faire ressortir les termes définis par rapport au reste du texte (par exemple en gras, en majuscule…). Cela permet de rappeler que c'est au sens précédemment indiqué que ces termes sont utilisés.

La rigueur est indispensable dans la rédaction des définitions. En outre, il faut éviter trop de définitions.

Exemple de clause de définition des termes du contrat :

ARTICLE ….. : DEFINITIONS

Aux fins du présent Accord, à moins que le contexte n'exige, ne requiert ou ne permette une autre signification, les mots et les expressions ci-dessous cités s'entendent de la manière suivante :

a) Le terme « GOUVERNEMENT » désigne le Gouvernement de la République du Cameroun ;

b) Le terme « PNUD » désigne le Programme des Nations Unies pour le Développement ;

c) Le terme « LOCAUX » désigne les bâtiments et parties des bâtiments, acquis ou loués par l'Organisation et occupés par elle pour le seul accomplissement de ses activités officielles.

d) ………

SECTION 5 : LE SYSTEME JURIDIQUE APPLICABLE AU CONTRAT

Le système juridique désigne le corps de règles applicable à un contrat. A quel système juridique va être rattaché le contrat ? Selon quelle loi interpréter les stipulations contractuelles ? Quels sont les écueils à éviter ?

§ 1. Détermination de la loi applicable

A priori, la détermination de la loi applicable au contrat concerne essentiellement les contrats internationaux. En présence d'un contrat interne, on fera application du droit national, c'est-à-dire du système juridique de l'Etat dont les sujets et le territoire sont concernés.

Dans les pays d'économie libérale, le principe général est que les parties sont libres de choisir la loi applicable à leurs relations contractuelles. Ainsi, lorsque dans le contrat, les parties ont indiqué la loi qui régira leurs relations contractuelles, le contrat sera interprété selon le système juridique indiqué, et ce, quel que soit le lieu de règlement du litige. Par exemple, si un contrat soumis à la loi camerounaise fait l'objet d'un litige au Sénégal, les juges sénégalais devront interpréter le contrat au regard du droit camerounais.

La liberté des parties de choisir la loi applicable à leur contrat s'étend à la possibilité de désigner une loi applicable à une partie seulement du contrat. C'est ce que l'on nomme le dépeçage du contrat. Il faut cependant dans cette hypothèse veiller à conserver une certaine cohérence[26].

Mais, en cas de dépeçage, le choix doit être cohérent. Il doit concerner des éléments du contrat qui peuvent être régis par des lois différentes sans donner lieu à des résultats contradictoires. Si, par exemple, les parties peuvent soumettre une clause d'indexation à une loi différente de celle qui régirait le reste du contrat, elles ne peuvent en revanche décider de faire régir la résolution du contrat par deux lois différentes pour chaque partie.

Il peut arriver que la loi applicable ne soit pas désignée dans le contrat. Dans ce cas, le tribunal saisi du litige déterminera, selon les règles posées par le droit international privé du pays dans lequel il se situe, quelle est la loi à laquelle se rattache le contrat. Cette situation crée évidemment une forte insécurité juridique, raison pour laquelle il faut toujours préciser la loi applicable à un contrat international.

---

[26] P. Lagarde, « Le dépeçage dans le droit international privé des contrats », *Riv. dir. int. priv. e processuale*, 1975. 649.

§ 2. Conseils et écueils à éviter

Le droit applicable est souvent négocié en dernier lieu alors que tous les engagements dépendent du droit applicable. Le négociateur international doit inventorier les diverses règles juridiques applicables à son contrat en établissant avec soin leur hiérarchie, qu'il s'agisse de règles nationales ou internationales.

Même si le principe de l'autonomie de la volonté préside au choix de la loi applicable, il faut faire attention aux rattachements rapides. Le choix du système juridique applicable à votre contrat doit se faire de façon minutieuse. Par exemple : l'obligation de moyen en droit français aura une signification précise au regard de la charge de la preuve de la faute du débiteur, alors qu'en droit anglais elle n'aura aucune conséquence juridique au regard de la charge de la preuve.

Il convient, toutefois, d'avoir à l'esprit que la détermination de la loi applicable au contrat est limitée par l'application des lois de police et des dispositions d'ordre public international, étant rappelé qu'en tout état de cause les dispositions de protection du consommateur s'imposent. Ce sont des dispositions qui, dans le contexte socio-juridique d'un pays donné, sont considérées d'une importance telle qu'elles se superposent automatiquement à toute disposition contraire du contrat et quelle que soit la loi à laquelle celui-ci est soumis.

Par conséquent, la détermination de la loi applicable au contrat ne peut avoir pour effet de priver le consommateur de la protection que lui assurent les dispositions impératives de la loi du pays dans lequel il réside habituellement. Il faut y être particulièrement attentif surtout lorsque l'une des parties est une personne physique.

Exemple de clause relative au système juridique applicable au contrat :

ARTICLE ….. : DROIT APPLICABLE

Le présent contrat est régi par le droit sénégalais.

CHAPITRE 2
LES STIPULATIONS RELATIVES AU CORPS DU CONTRAT

Le corps du contrat regroupe les clauses qui sont de l'essence même du contrat. Ces clauses, qui sont en grande partie essentielles pour la validité de l'opération envisagée, forment le socle contractuel.

Aussi, les stipulations relatives au corps du contrat concernent notamment :

- l'objet du contrat,
- les flux financiers nés du contrat,
- l'exécution du contrat,
- l'extinction du contrat.

SECTION 1 : L'OBJET DU CONTRAT

L'objet du contrat définit l'opération juridique que les parties veulent réaliser. Cet objet doit remplir certaines conditions pour être valable. Il doit en outre être rédigé de façon précise.

§ 1. Conditions de validité de l'objet

Quatre conditions sont essentielles pour la validité d'un contrat : le consentement, la capacité, l'objet et la cause. Un contrat sans objet ne peut donc pas exister. L'objet doit être certain, possible et licite.

A. / L'objet du contrat doit être possible

Impossibilium nulla obligatio est, la maxime latine est connue : à l'impossible, nul n'est tenu. A L'*objet doit être possible*, c'est-à-dire qu'il doit être dans les capacités du débiteur de l'effectuer. En effet, le contrat ne peut pas être possible si l'objet ne peut pas être matériel ou si la prestation ne peut pas être effectuée. Toutefois, cette impossibilité doit être *absolue.*

Pour la sécurité et la stabilité des contrats, la jurisprudence a décidé que pour que le contrat ne puisse se former, il faut que l'impossibilité de l'objet soit absolue et non relative, c'est-à-dire que même si le débiteur ne peut effectuer l'opération lui-même, il doit faire appel à un tiers pour l'exécuter à sa place. Ce n'est que le cas où personne ne peut l'exécuter qu'il y a impossibilité absolue.

Par ailleurs, il convient de préciser qu'il n'est pas nécessaire que l'objet existe au moment de la formation du contrat. Il en est ainsi, par exemple, lorsqu'une personne achète un appartement qui est en train d'être construite. En revanche si l'appartement n'est jamais construit, le contrat sera caduc.

B. / L'objet du contrat doit être certain

L'objet doit être *certain*, c'est-à-dire déterminé ou déterminable[27]; déterminé dans son espèce mais pas obligatoirement dans son individualité.

Les parties doivent savoir à quoi elles s'engagent. De ce fait, l'objet du contrat doit être *précis* (je vends ce stylo et pas un autre). Par conséquent, si le contrat ne porte pas sur une chose déterminée, le contrat pourra être annulé.

L'objet peut aussi être *déterminable.* Il n'a pas à être *déterminé* si lors du contrat il est assez *déterminable.*

---

[27] Voir l'article 1108 C. Civ français.

C. / L'objet du contrat doit être licite

L'objet doit être *licite,* c'est-à-dire conforme à la loi. Il ne doit pas porter sur des choses qui sont hors du commerce juridique ou contraire à l'ordre public et aux bonnes mœurs.

De ce fait, la personne humaine, ses éléments et ses produits, certaines choses dangereuses (comme un animal contaminé), les biens du domaine public, ne peuvent faire l'objet de conventions.

§ 2. Intérêt / Portée

L'objet permet d'appréhender le contrat de manière globale et unitaire. Par conséquent, les parties ont intérêt à bien cerner l'opération juridique (objet) qu'elles envisagent de conclure, dans la mesure où cette opération permet de déterminer les droits et les obligations découlant du contrat.

À défaut de bien pouvoir identifier correctement cette opération juridique, les parties s'exposent donc à des surprises quant à la détermination de leurs droits et obligations respectifs.

L'objet permet également d'apprécier la licéité du contrat au regard du droit applicable. Comme on l'a vu, le contrat est nul si son objet est impossible.

§ 3. Conseils et écueils à éviter

L'objet du contrat doit être rédigé de façon précise. Il doit être compris par chacune des parties car il fixe le cadre du contrat, les droits et obligations respectifs. Un objet mal défini peut avoir de lourdes conséquences financières, surtout lorsqu'il s'agit d'un ensemble contractuel. Il faut notamment avoir à l'esprit les aspects fiscaux de l'opération envisagée au moment de la définition de l'objet.

Lorsque le contrat porte sur une pluralité d'opérations juridiques, les droits et obligations qu'il engendre doivent s'apprécier non pas en fonction d'une seule mais plutôt d'une pluralité d'opérations juridiques. A cet effet, il faut veiller à faire un bon arrimage entre chaque opération juridique et les droits et obligations qu'elle engendre.

L'objet du contrat est différent de l'objet des pourparlers. Il convient donc de distinguer ces différents objets.

Exemple de clause relatif à l'objet (pour un contrat de maintenance d'un site web) **:**

ARTICLE ...: OBJET

Le présent contrat a pour objet de définir, de garantir et d'assurer au Client un service de maintenance moyennant le versement d'une redevance pour le matériel désigné en annexe.

Ce service comprend : un dépannage sur appel et un dépannage sur intervention sur site.

SECTION 2 : LE PRIX

En général, les contrats ne sont pas à titre gratuit, ils sont conclus à titre onéreux et le prix constitue l'une des clauses les plus négociées par les parties lors de la phase précontractuelle. Aussi, pour éviter toute ambiguïté ultérieure, la clause de prix mérite d'être rédigée avec précision ; le prix des prestations ainsi que les conditions de paiement doivent être clairement précisés.

§ 1. Le prix des prestations

Le prix peut être fixe ou évolutif.

A. / La détermination du prix

De manière générale, le prix doit être *déterminé* ou *déterminable* sur la base d'éléments de référence inscrits au contrat. À tout objet, il y a une contrepartie, laquelle est souvent sous forme monétaire.

La valeur de cette considération (prix, loyer, honoraires, salaire, royalties, redevance, etc.) doit être indiquée. Elle peut être déterminée dans le contrat, ou par le biais d'un contrat cadre. Elle peut résulter de tarifs ou conditions générales.

Si le contrat fixe le prix hors taxes, il conviendra de préciser le régime de taxe applicable. Pour certains contrats, il peut être nécessaire de préciser les modalités tarifaires des frais accessoires tels que les frais de séjour, de déplacement, etc. Tous les montants devraient préférablement être exprimés en lettres et en chiffres (exemple : « vingt millions de francs (20.000.0000 F) »).

B. / L'évolution du prix

Le refus de réviser un contrat peut s'avérer particulièrement handicapant en cours d'exécution. Cet ennui peut aisément être évité par les parties de façon conventionnelle, au moment de la conclusion du contrat, à travers l'insertion d'une clause d'indexation ou de révision.

Les mécanismes employés peuvent être de deux ordres : sont envisageables l'insertion d'une clause d'indexation qui fera varier de façon automatique le prix ou des stipulations plus sophistiquées de révision ou de renégociation.

1. LA CLAUSE D'INDEXATION

Encore appelée « clause de variation automatique » ou « clause d'échelle mobile », la clause d'indexation permet de faire varier de façon automatique le prix. Elle prévoit la révision automatique du prix stipulé dans le contrat en fonction de la variation d'un ou plusieurs indices.

Le plus souvent, cette clause reporte tout ou partie du risque sur l'autre partie au contrat. C'est pour cette raison que son contenu n'est pas facile à négocier.

La clause d'indexation doit comporter deux éléments : elle doit préciser la valeur indexée, c'est-à-dire le prix initial, ainsi qu'un indice. Cet indice est une valeur de référence dont les modifications vont se répercuter sur le prix initial. L'indice retenu doit être défini avec précision et être en relation directe avec l'objet du contrat ou l'activité de l'une des parties. Il ne doit pas recouvrir plusieurs situations.

Dans les contrats dont l'exécution s'étend sur une longue durée, les parties ont intérêt à prévoir une clause d'indexation ou une clause de révision du prix qui permettra de faire varier le prix en fonction de circonstances extérieures telles que l'inflation, la variation de la monnaie, l'augmentation du prix des matières premières, etc. Par le jeu d'une telle disposition, elles peuvent modifier automatiquement le prix pour se préserver des risques d'érosion monétaire. L'indexation peut être monétaire ou économique.

La *clause d'indexation monétaire* a pour objet d'adapter le prix aux fluctuations monétaires. Un exportateur, par exemple, qui craint une variation du cours de change ou désire compenser l'inflation ou la variation de certains coûts ayant un impact sur le prix, doit prévoir une clause d'indexation dans le contrat. Cette clause doit être claire et précise.

Exemple de clause d'indexation monétaire :

Dans le présent contrat, les prix sont basés sur la parité dollar par rapport à l'euro du 15 janvier 2010. Toute variation du taux de change de plus ou moins 2,5 % donnera lieu à une diminution ou à une augmentation automatique et proportionnelle des prix.

La *clause d'indexation économique* utilise une formule qui va faire évoluer le prix en fonction d'un indice reflétant l'évolution générale des prix dans le secteur, ou en amont de la relation contractuelle, ou de façon générale. La formule d'indexation doit être précise et reposer sur des bases de calcul quantifiables.

Il faut éviter des clauses au contenu flou et ambigu qui auront du mal à s'appliquer. Il en est ainsi d'une clause qui lie l'évolution des prix à la conjoncture économique.

De manière générale, on retrouve les clauses d'indexation économique dans les contrats de fournitures et de travaux. Ces contrats comportent généralement des clauses de révision de prix en fonction de l'évolution du coût des consommations intermédiaires (énergie, ciment, etc.) et de la main-d'œuvre.

Exemple de clause d'indexation économique :

Les parties conviennent également que le montant du loyer ci-dessus fixé variera automatiquement en fonction d'une clause d'échelle mobile.

Le loyer sera donc indexé chaque année sur l'indice national trimestriel du coût de la construction publié par l'Institut National de la Statistique et des Études Économiques. L'indice de référence est le dernier publié au jour de l'entrée en jouissance du preneur dans les locaux loués.

2. LA REVISION

La révision est une modification d'un acte juridique, en vue de son adaptation aux circonstances.

La clause de révision de prix intervient pour prendre en compte une modification substantielle de l'équilibre du contrat, qui dépasse les fluctuations prévisibles. En l'absence d'une telle clause, souvent qualifiée de "*hardship clause*", la question de l'imprévision se posera[28].

§ 2. Le règlement du prix

Le règlement du prix n'est souvent pas effectué lors de la signature du contrat. Il convient donc d'en prévoir les modalités, de façon sécurisée d'autant plus que ce paiement sera postérieur à l'exécution de la prestation par l'autre partie.

A. / Les modalités de paiement

En dehors des contrats internationaux, la clause désignant une monnaie étrangère comme monnaie de paiement est en général prohibée. Les paiements internes doivent donc être effectués en monnaie locale.

Pour éviter le risque de change, la monnaie de paiement est souvent une monnaie locale, surtout lorsque les paiements sont échelonnés dans le temps. Mais attention, cela veut dire qu'on reporte le risque sur l'autre partie.

Prenons l'exemple d'un contrat, dont le montant est établi en monnaie locale non convertible et prévoyant que celui-ci sera payé en monnaie étrangère. Si au cours de son exécution, la monnaie locale est dévaluée de 10%, la perte pour l'entreprise sera de 10% sur le montant restant à payer au titre du contrat.

Dans les contrats internationaux, il est recommandé de décomposer la monnaie de paiement en deux parties : une partie locale libellée en monnaie locale, pour faire face aux dépenses de fonctionnement du projet par exemple, et une partie transférable libellée en monnaie étrangère. Cela permet d'être à l'abri des modifications des taux de change. Si le

---

[28] Se rapporter aux développements effectués sur la clause de hardship.

paiement doit se faire en une monnaie unique, il est vivement conseillé d'opter pour une monnaie convertible.

La clause relative aux modalités de paiement doit indiquer le moment et le lieu du paiement, ainsi que les intérêts applicables en cas de retard de paiement. Sauf pour les prix d'un faible montant, il est prudent d'effectuer les paiements par virement ou par chèque.

Attention ! Les modifications ultérieures de la situation doivent faire l'objet d'avenant. Il en est ainsi, par exemple, de la modification de la domiciliation bancaire qui intervient souvent au cours de la vie contractuelle. A défaut, les paiements seront effectués conformément aux stipulations contractuelles.

B. / Les garanties du paiement

Le paiement peut être assorti de sûretés personnelles (cautions) données par le débiteur de l'obligation, un tiers ou de sûretés réelles, mobilières ou immobilières. Les garanties peuvent être soit conditionnelles, soit inconditionnelles comme les garanties à première demande.

La garantie à première demande est une sûreté personnelle non accessoire. Elle est également connue sous le nom de garantie autonome, garantie contractuelle ou lettre de garantie.

Imaginée par la pratique et très répandu dans le monde des affaires, la garantie à première demande a été consacrée par l'Acte uniforme OHADA portant organisation des sûretés. C'est une garantie autonome par rapport au contrat de base. A cet effet, le donneur d'ordre ne peut pas s'opposer à son paiement, si ce n'est pour des raisons tenant à cet engagement de garantie lui-même. Cette autonomie lui confère une efficacité supérieure à celle des sûretés accessoires.

La garantie est apportée par un organisme financier ou une compagnie d'assurances qui s'oblige à payer le montant garanti, sans contestation possible, dès la première demande.

Ainsi, un entrepreneur peut demander à sa banque d'accorder une garantie de bonne exécution à un client afin de garantir à ce dernier qu'il réalisera ses obligations de façon satisfaisante.

Attention, du fait de son autonomie, la garantie à première demande doit être mise en œuvre conformément à ses stipulations. Par conséquent, il faut être vigilant lors de sa rédaction. Une formulation ambiguë peut être source de difficultés.

Le texte de la garantie doit faire référence au contrat de base et détermine avec précision les obligations qu'elle couvre. Cette précaution évite aux parties le risque de voir la garantie appelée pour une raison fallacieuse.

Les parties ont également intérêt à mentionner la date de l'entrée en vigueur de la garantie ainsi que sa date d'expiration ou sa période de validité. Elles doivent aussi mentionner le montant ainsi que la devise de paiement de la garantie. Si le montant de la garantie est réductible, il est prudent d'indiquer les événements qui pourront entraîner cette réduction.

SECTION 3 : LES CLAUSES RELATIVES A L'EXECUTION DU CONTRAT

De nombreuses clauses sont souvent utilisées pour encadrer l'exécution du contrat. Dans certains actes juridiques, ces clauses se limitent aux modalités d'exécution du contrat, à la responsabilité des parties. Dans d'autres, elles vont plus loin et visent à unifier, alléger ou intensifier les obligations contractuelles des parties à travers les clauses de force majeure, de *hardship*, d'indivisibilité, d'exclusivité, de non concurrence, de confidentialité[29], etc.

---

[29] Concernant les clauses de confidentialité, il faut se reporter aux développements faits dans la première partie relative aux négociations contractuelles.

§ 1. Les clauses de responsabilité

Les parties contractantes peuvent, en vertu du principe de la liberté contractuelle, décider de substituer aux règles légales des règles conventionnelles qui auront vocation à s'appliquer en cas d'inexécution de leurs obligations contractuelles. Cette substitution s'opère à travers des clauses de limitation ou d'exonération de responsabilité, dont il convient d'en préciser l'intérêt et la portée, avant d'envisager les écueils à éviter dans la rédaction desdits contrats.

A. / Intérêt / Portée

Les clauses de responsabilités, ou plus exactement les clauses d'exclusion ou de limitation de responsabilité, figurent en bonne place dans certains contrats. Elles ont pour objet d'exclure ou de limiter tout ou partie des responsabilités d'une partie à un contrat.

Les clauses de responsabilité s'attachent, en cas de mauvaise exécution ou d'inexécution des prestations objet du contrat par une partie, à préciser :

- les préjudices exclus du champ possible de la réparation ;
- le montant maximum de dommages et intérêts susceptibles d´être alloués en guise de réparation du préjudice subi ;
- la durée pendant laquelle la responsabilité peut être invoquée ou, plus généralement, les conditions dans lesquelles la responsabilité du débiteur peut être mise en cause.

B. / Conseils et écueils à éviter

Dans les relations entre professionnels, ces clauses sont parfaitement valables, sous certaines conditions.

D'abord, elles doivent être connues et acceptées par la partie à laquelle elles sont opposées. A cet effet, les clauses limitatives de responsabilité ne sont opposables par un fournisseur à un client, que si celui-ci les a acceptées, même tacitement. Cette clause peut figurer sur un bon de commande ou un devis.

Ensuite, la clause de responsabilité ne peut servir à exonérer le débiteur en cas d'inexécution due à son dol (manœuvre frauduleuse destinée à tromper l'autre partie) ou à sa faute lourde. Ainsi, le fait générateur du préjudice ne doit pas découler d'une faute lourde du débiteur (en l´occurrence du prestataire), auquel cas la clause sera écartée par le juge.

Enfin, la clause de responsabilité ne doit pas porter sur les obligations essentielles du contrat. Ainsi, une société de transport rapide, qui s'engage à livrer vos colis en un temps imparti, ne peut pas valablement limiter sa responsabilité en cas de non livraison dans ce délai. Cette limitation porte sur l'engagement essentiel du transporteur : sa célérité[30].

Attention ! Il existe des règles d'ordre public auxquelles les clauses d'exclusion ou de limitation de responsabilité ne peuvent y déroger. A cet effet, les parties doivent s'assurer, en consultant notamment leur législation, que les clauses qu'elles ont adoptées ne sont pas contraires à ces règles d'ordre public.

La clause de responsabilité peut être renforcée par une clause d'assurance. Contracter, c'est prendre des risques qu'il faut partager entre les parties et éventuellement assurer.

La clause de responsabilité peut être rédigée de plusieurs manières. Elle peut être complétée par une clause d'assurances.

---

[30] Cass. Com., 22 octobre 1996, *Arrêt Chronopost*, D. 1997, jurispr. p. 121, note A. Sériaux ; RTD civ. 1997, p. 418, obs. J. Mestre.

Exemple 1 :

ARTICLE ... : RESPONSABILITE

Le Prestataire est responsable, tant en vertu du droit commun que de ses engagements contractuels, des dommages de toute nature dont lui-même, ses préposés, la société ……., les personnels et occupants de la société………. ou des tiers pourraient être victimes ou que leurs biens pourraient subir, à l'occasion de l'exécution du contrat.

Toutefois, concernant les équipements achetés au titre du contrat, la société ……. assume la responsabilité du dépositaire entre la livraison et l'admission des équipements. Cette responsabilité cesse, en cas d'ajournement ou de rejet, à partir de la reprise par le client des prestations ajournées ou rejetées.

Exemple 2 :

ARTICLE ... : RESPONSABILITE

Le prestataire ne sera responsable vis-à-vis de la société ... que des dommages qui résultent directement de l'exécution, de la mauvaise exécution ou de l'inexécution de ses obligations, étant entendu qu'en tout état de cause, le total cumulé des dommages et intérêts susceptibles d'être dus par le prestataire dans le cadre du Contrat n'excédera pas cent pour cent (100%) du montant total effectivement versé par la société ... au prestataire au titre du Contrat.

En aucun cas le prestataire ne sera responsable de dommages indirects, y compris – mais sans que soit limitée la généralité de ce qui précède – le gain manqué et la perte d'exploitation, même si le prestataire a été avisé de la possibilité de tels dommages. La société ... indemnisera le prestataire de tout montant ou condamnation que ce dernier serait amené à verser à tout tiers pour un montant supérieur à cette limite de responsabilité, en relation avec l'exécution du Contrat.

Comme on le constate, cette clause qui est extraite d'un contrat de maintenance est très défavorable au client, c'est-à-dire à la société qui bénéficie des prestations de maintenance.

Exemple de clause d'assurances :

ARTICLE ... : ASSURANCES

Le Prestataire doit produire et maintenir en cours de validité les polices d'assurances nécessaires afin de couvrir, pour un montant suffisant, les risques et responsabilités lui incombant tant en vertu du droit commun que de ses engagements contractuels. Les assurances sont maintenues jusqu'à complète exécution des prestations et pendant les opérations de vérification.

A ce titre, le Prestataire doit produire, avant tout commencement d'exécution, une attestation de son assureur indiquant la nature, le montant et la durée des garanties souscrites, les activités, la nature des prestations ou missions garanties.

En tout état de cause, la garantie doit être suffisante et celle concernant les dommages corporels sans limitation de somme.

En cas d'insuffisance du montant de la garantie, le Client se réserve le droit de demander au Prestataire de la porter à un montant plus élevé, sans que celui-ci puisse prétendre revenir sur les prix fixés par le contrat.

Le Prestataire s'engage à informer expressément le Client de toute modification de son contrat d'assurance.

Si le Prestataire contrevient à ces prescriptions, le Client peut contracter en son lieu et place, deux semaines après une mise en demeure restée sans résultat, les polices d'assurances nécessaires tel que prévu par le contrat. Le coût de celles-ci est alors retenu sur les sommes dues au Client au titre du contrat.

Le Prestataire doit également être assuré contre :

- les dommages causés par ses véhicules ou ceux loués qu'il utilise pour l'exécution du contrat (sur voies publiques ou en propriétés privées), conformément aux dispositions légales en vigueur,
- les dommages causés par ses engins de chantier ou ceux loués, fixes ou mobiles, qu'il utilise pour la réalisation des prestations.

§ 2. Les clauses relatives à la durée du contrat

Le contrat a une durée de vie qu'il convient de préciser, afin d'éviter certaines difficultés.

A. / Intérêt / Portée

Il est essentiel d'indiquer la durée du contrat. En l'absence de cette clause, l'une ou l'autre des parties pourrait quand elle le souhaite résilier unilatéralement le contrat. En cas de litige, c'est le juge qui déterminera une durée équitable pour les deux parties.

La durée peut être indéterminée, avec stipulation d'un préavis de résiliation.

La durée du contrat peut également être déterminée, avec stipulation d'une clause de renouvellement. Le renouvellement peut être tacite ou exprès tant que son principe est prévu par un accord exprès des parties, notamment dans le contrat initial. En cas de renouvellement, il s'agit d'un nouveau contrat dont le contenu peut être différent ou non du contrat initial[31].

Mais attention, lorsqu'un contrat à durée déterminée prévoit son renouvellement par tacite reconduction sans préciser de terme à celui-ci, le nouveau contrat doit être qualifié de contrat à durée indéterminée, susceptible par conséquent d'être résilié à tout moment par l'une des deux parties.

Il existe une différence fondamentale entre les termes « prorogation », « renouvellement » et « reconduction ». La prorogation de contrat correspond simplement à l'allongement conventionnel de la durée d'un contrat à durée déterminée. La prorogation doit donc être prévue par avenant, lequel

---

[31] Le terme « renouvellement » vient du latin *novus* ou *novellus*, c'est-à-dire nouveau.

détermine la nouvelle échéance du contrat et, le cas échéant, de nouvelles modalités juridiques.

La reconduction correspond davantage à un « fait juridique » plutôt qu'à un « acte juridique ». La reconduction intervient en principe lorsque les parties n'ont rien prévu dans le contrat initial et ont poursuivi leurs relations contractuelles au-delà du terme convenu. Dans ce cas et contrairement au renouvellement, il n'y a pas établissement d'une nouvelle relation contractuelle, mais « continuation » volontaire de l'application des termes du contrat. Juridiquement, on a un « nouveau contrat » mais pas un « contrat nouveau », car les stipulations du contrat initial perdurant dans le temps.

B. / Conseils et écueils à éviter

La durée pendant laquelle les parties sont engagées doit être clairement indiquée, tant pour les obligations principales que pour les obligations annexes qui peuvent débuter après que soient terminées les obligations principales. A cet effet, la durée du contrat doit être distinguée de la durée de l'obligation de confidentialité qui perdure souvent bien après l'extinction de la relation contractuelle.

Il faut éviter de conférer au contrat une longue durée ainsi qu'une durée illimitée, les engagements illimités étant en principe prohibés. La durée d'un contrat ne se fixe pas au hasard, elle doit être fixée en fonction de l'objet du contrat.

Dans un contrat de maintenance, par exemple, la durée du contrat ne doit pas être supérieure à celle du matériel à maintenir. Elle doit être proportionnelle à la durée de l'amortissement du matériel à maintenir, à défaut on risque d'avoir un contrat de maintenance pour un matériel obsolète qui n'est plus utilisé.

En principe, il faut éviter les reconductions tacites. Toutefois, si le contrat doit prévoir une tacite reconduction, il est indispensable d'insérer une clause qui précise que l'on peut mettre fin au contrat.

Exemple de clause de durée :

ARTICLE ... : DUREE

Le présent contrat est conclu pour une durée d'un (01) an, renouvelable par tacite reconduction pour des périodes identiques d'un (01) an, sans que sa durée totale, renouvellement compris, ne puisse excéder trois (3) ans.

Toutefois, chacune des parties pourra y mettre un terme à l'issue de chaque période, y compris la première, sous réserve d'en prévenir l'autre au plus tard trois (3) mois à l'avance par lettre recommandée avec accusé de réception.

La première période d'exécution débute à la date de notification et s'achève au 31 décembre de la même année.

Comme on le constate, cette clause est assortie d'une stipulation qui cantonne l'exécution du contrat à l'année civile (du 1er janvier au 31 décembre). Même si la première période commence après le 1er janvier, elle s'achève le 31 décembre.

§ 3. Les clauses pénales

La clause pénale est une clause par laquelle les parties conviennent qu'au cas où l'une d'elles manquerait à son engagement, elle verserait à l'autre partie une somme d'argent dont le montant (forfaitaire) fixé à l'avance est indépendant du préjudice causé et constitue en quelque sorte des dommages-intérêts. C'est en réalité un moyen de pression sur le débiteur pour l'inciter à exécuter ses obligations.

Par le biais de cette clause, toute discussion ultérieure sur le montant du préjudice subi est évitée. Malgré sa dénomination il s'agit d'une sanction civile prévue pas les parties à un contrat.

Les parties peuvent stipuler soit l'attribution d'une somme d'argent soit exiger de la partie qui ne s'est pas exécutée qu'elle fournisse une prestation en nature ou qu'elle s'abstienne de faire quelque chose.

Le montant de la pénalité peut être révisé par le juge, à la hausse comme à la baisse, lorsqu'il est manifestement excessif ou dérisoire[32]. Il en est ainsi notamment lorsque le créancier n'a subi aucun préjudice ou lorsque l'obligation a fait l'objet d'une exécution partielle. Il convient, toutefois, de préciser que le juge n'est pas tenu de réviser le montant des pénalités initialement prévues.

La clause peut être rédigée de plusieurs manières, tout dépend de l'objectif recherché.

---

[32] Voir, art. 1152 al. 2 C. civ. Français.

Exemple 1 :

ARTICLE ... : PENALITE DE RETARD

En cas de non-respect des délais fixés à l'article 5 ci-dessus, pour l'exécution des travaux, l'Entrepreneur est passible, sans mise en demeure préalable, de pénalités dont le montant est de 1/3000 du montant initial du marché éventuellement modifié ou complété par les avenants intervenus, par jour calendaire de retard.

Le montant des retenues éventuelles pour pénalités sera déduit lors des paiements.

Exemple 2 :

ARTICLE ... : PENALITE DE RETARD

Tout défaut de paiement dans les délais prévus à l'article « prix » fera courir, nonobstant l'article « résiliation », des intérêts de retard au taux d'intérêt légal majoré de un et demi (1.5) points. Ces intérêts courront, sans mise en demeure préalable, du seul fait du non-respect des délais de paiement et ce, jusqu'au paiement intégral de la somme due. Le montant des pénalités de retard à verser est calculé au prorata temporis.

En outre, tous les frais liés au retard, qui auront été supportés par le Prestataire, seront facturés au Client.

§ 4. Les clauses de force majeure

De nombreux contrats contiennent une clause dite de force majeure. Cette clause sert notamment à exonérer une partie contractante de tout dommage résultant du retard ou du défaut d'exécution d'une obligation contractuelle lorsqu'un événement, constituant un cas de force majeure, empêche celle-ci d'honorer cette obligation. Une telle clause peut s'avérer utile dans un contrat.

A. / Intérêt / Portée

Le cas de force majeure résulte d'un événement qui a pour caractéristiques d'être : imprévisible, irrésistible et insurmontable[33]. Il a pour objet d'étendre, ou parfois de restreindre, les conditions dans lesquelles une partie peut s'exonérer de l'exécution d'une obligation contractuelle.

Le législateur a donné une définition de la notion de « force majeure », mais cette définition est assez générique. Les parties à un contrat ont donc intérêt, dans la mesure où il ne s'agit pas d'une disposition d'ordre public, de préciser contractuellement le sens de cette notion, de façon à ce que certains événements, qui pourraient ne pas passer le test de l'imprévisibilité et de l'irrésistibilité fixé par la loi, soient bel et bien constitutifs d'un cas de force majeure avec l'effet d'exonération recherché.

L'intérêt d'une définition spécifique réside dans le fait que les tribunaux, lorsqu'ils sont appelés à statuer sur un cas de force majeure vont, à défaut d'une clause explicite énonçant clairement un cas de force majeure précis, s'en tenir à ce que la loi prévoit à cet égard. Ainsi, à défaut d'une définition spécifique, les tribunaux pourront exclure du champ de la

---

[33] Il n'y a lieu à aucun dommages-intérêts lorsque, par suite d'une force majeure ou d'un cas fortuit, le débiteur a été empêché de donner ou de faire ce à quoi il était obligé, ou a fait ce qui lui était interdit. (Voir notamment les articles 129 du COCC et 1148 du Code civil).

force majeure un cas limite qu'une partie considère comme un empêchement important contre lequel elle veut se protéger. Les parties ont donc intérêt à adopter une définition adaptée à leur situation.

B. / Conseils et écueils à éviter

Au moment de la définition de la clause de force majeure, les parties doivent veiller à compléter la définition générale, qui s'inspire de la définition légale, par une liste d'événements constitutifs de cas de force majeure. Il faut avoir à l'esprit que les parties peuvent stipuler dans leur accord qu'un événement, même s'il ne réunit pas les caractères de la force majeure, pourra en avoir les conséquences. Il ne faut surtout pas oublier de mentionner le caractère partiel ou non exhaustif de cette liste.

Une fois l'accord défini, il faut préciser les conditions de mise en œuvre de la clause de force majeure. Pour éviter toute contestation postérieure par l'autre partie, le délai de notification de l'événement requis pour que l'un des contractants invoque un cas de force majeure doit être fixé. De même, les parties doivent mentionner la forme que devra adopter la notification de l'événement. Il est préférable d'opter pour une notification par lettre recommandée avec accusée de réception.

Enfin, et toujours pour éviter toute ambiguïté, il est recommandé que les parties précisent les conséquences de l'intervention d'un événement de force majeure sur leurs relations contractuelles. Parmi ces conséquences, on peut citer la suspension et la résiliation.

Il revient aux parties d'opter pour la formule adaptée à leur situation. Les parties peuvent opter pour une formule graduelle. Elles peuvent, par exemple, prévoir qu'en cas de force majeure, les relations contractuelles seront dans un premier temps suspendues, ce pour une durée bien déterminée, et qu'au-delà de cette durée, le contrat sera purement et simplement résilié si l'événement de force majeure se poursuit.

Exemple de clause de force majeure :

ARTICLE ... : FORCE MAJEURE

Aucune des parties au présent contrat ne pourra être tenue pour responsable de son retard ou de sa défaillance à exécuter l'une des obligations à sa charge au titre du présent contrat si ce retard ou cette défaillance est l'effet direct ou indirect d'un cas de force majeure. Constitue un cas de force majeure tout événement imprévisible irrésistible et insurmontable ; cela comprend notamment tout sinistre provoqué par la nature, épidémie, incendie, accident, guerre, insurrection, émeute, acte de terrorisme, arrêt ou ralentissement de travail spontané, lock-out, changement dans les conditions de marché, panne de lignes de télécommunications ou d'électricité, acte de gouvernement ou ordonnance d'un tribunal ou d'une autorité publique.

En cas de survenance d'un tel événement, la partie qui le subira ne sera toutefois exonérée de l'obligation affectée que pendant la durée de l'événement en cause, toutes les autres obligations à sa charge restant en vigueur, et elle sera tenue d'informer par écrit l'autre partie de cet événement dans les quinze jours de sa survenance, ainsi que d'exécuter l'obligation qu'elle aura été empêchée d'exécuter dès que l'événement en cause aura pris fin.

Si la durée de cet empêchement excède trente jours consécutifs, les parties devront se concerter dans les huit jours suivant le terme de ce délai pour examiner de bonne foi si le présent contrat doit se poursuivre ou prendre fin. En cas de désaccord persistant au terme de ces huit jours, la partie lésée par la non exécution de l'obligation empêchée par l'événement en cause aura le droit de résilier le présent contrat sans préavis.

§ 5. Les clauses de hardship

Le contrat tient lieu de loi entre ceux qui l'ont fait. Par conséquent, il ne peut être modifié unilatéralement, sa modification exige le consentement des deux parties. Or, certaines circonstances qu'il était impossible de prévoir lors de la conclusion du contrat peuvent empêcher une exécution conforme aux souhaits exprimés par les parties, particulièrement pour les contrats à exécution successive ou différée dans le temps.

Face à cette imprévision, les parties ont intérêt à se prémunir, en insérant dans leur contrat une clause de *hardship*, dont il convient de préciser l'intérêt avant de prodiguer quelques conseils de rédaction.

A. Intérêt / Portée

Les clauses de *hardship* sont celles au terme desquelles les parties peuvent demander un réaménagement du contrat qui les lie si un changement intervenu dans les données initiales au regard desquelles elles s'étaient engagées vient à modifier l'équilibre du contrat au point de rendre son exécution plus onéreuse ou difficile pour l'une d'elle.

La clause de *hardship* permet de pallier ce déséquilibre, car elle oblige les parties à renégocier leur contrat si *des changements de circonstances imprévisibles et postérieurs au contrat ont rendu son exécution onéreuse pour l'une des parties*.

La clause de *hardship* vise à régler l'hypothèse où surviennent des événements (économiques, politiques et, le cas échéant, techniques) inévitables et imprévisibles au moment de la conclusion du contrat qui font que le contrat ne présente plus grand intérêt pour l'une des parties, notamment parce qu'elle a subi un préjudice substantiel, disproportionné, injuste ou inéquitable. Elle permet à la partie lésée de demander soit la résiliation, soit une réouverture des négociations et une réadaptation du contrat ; l'obligation d'exécuter un contrat ne doit pas conduire à un suicide économique.

Contrairement à la force majeure qui empêche l'exécution du contrat, ne serait-ce que temporairement, en cas de *hardship*, l'exécution du contrat demeure possible. Elle est simplement plus onéreuse.

B. / Conseils et écueils à éviter

La clause de *hardship* doit être rédigée de façon méticuleuse, car il s'agit d'une clause particulièrement sensible. L'avantage de cette clause, c'est de maintenir l'équilibre général du contrat, pendant toute sa durée, dans un souci réciproque de prise en compte des intérêts des parties. Mais cet avantage peut très vite devenir un inconvénient dans certains domaines, comme celui de l'informatique, dans lesquelles les choses évoluent très vite et où l'équilibre d'aujourd'hui n'est pas nécessairement l'équilibre de demain.

Par conséquent, il est recommandé aux parties de bien mesurer les avantages et les inconvénients de cette clause avant de proposer son insertion dans le contrat. Afin de garantir l'efficacité de la clause de *hardship*, les parties veilleront notamment à :

- déterminer les circonstances dans lesquelles la clause pourra être invoquée (une révolution technologique, une guerre, une décision politique...), en insistant sur le caractère imprévisible de celles-ci ;
- prévoir les modalités de rééquilibrage du contrat (recherche de la solution la plus adaptée pour faire disparaître le déséquilibre constaté, en procédant si nécessaire à un amendement de certaines dispositions du contrat) ;

- préciser le sort du contrat pendant la période de sa réadaptation (suspension de l'exécution de la convention !) ;
- prévoir les solutions à adopter en cas d'échec de la concertation des parties pour rééquilibrer le contrat (résiliation du contrat ou recours à un tiers choisi d'un commun accord ou désigné par voie judiciaire) ;
- préciser les modalités financières de l'éventuelle conciliation (partage des frais d'honoraires du conciliateur).

Exemple de clause de *hardship* :

ARTICLE ... : HARDSHIP

Les parties sont tenues de remplir leurs obligations, quand bien même l'exécution en serait devenue plus onéreuse, sous réserve des dispositions qui suivent.

En cas de circonstances exceptionnelles ou *hardship*, les parties se réservent la possibilité de procéder à une révision du prix, et plus largement à une adaptation du contrat en vue de préserver ou rétablir l'équilibre des prestations respectives des deux parties.

Il y a *hardship* lorsque surviennent des événements qui altèrent fondamentalement l'équilibre des prestations, soit que le coût de l'exécution des obligations ait augmenté, soit que la valeur de la contre-prestation ait diminué, et :

- que ces événements sont survenus ou ont été connus de la partie lésée, après la conclusion du contrat ;
- que la partie lésée n'a pu, lors de la formation du contrat, raisonnablement prendre de tels événements en considération ;

- que ces événements échappent au contrôle de la partie lésée ; et
- que le risque de ces événements n'a pas été assumé par la partie lésée.

Sans que cette liste soit limitative, il faut entendre par *hardship* : tous faits qui pourraient mettre en péril la bonne fin du marché ; le bouleversement du système monétaire international actuel ; l'application de nouveaux droits d'importation ou d'exportation ; des variations très importantes dans la conjoncture ou des modifications notables dans les conditions économiques ; les modifications de charges de toutes natures, les hausses du prix des matières premières ou autres causes conduisant à une aggravation importante des coûts de fabrication ; plus largement, tout fait de nature à bouleverser l'économie du contrat.

En cas de *hardship*, la partie lésée peut demander l'ouverture de renégociations. La demande doit être faite sans retard indu et motivée. La demande ne donne pas par elle-même à la partie lésée le droit de suspendre l'exécution de ses obligations. Faute d'accord entre les parties dans un délai raisonnable, la plus diligente des deux peut saisir la juridiction compétente. La juridiction qui conclut à l'existence d'un cas de *hardship*, devra adapter le contrat en vue de rétablir l'équilibre des prestations, ou, si cela s'avère impossible, mettre fin au contrat à la date et aux conditions qu'elle fixera.

§ 6. Les autres clauses

Il est possible d'affiner certains contrats en y ajoutant des clauses spécifiques. Parmi ces clauses qui varient en fonction de la nature du contrat dont la signature est envisagée, on peut citer :

- les clauses d'intégralité,
- les clauses de stabilisation du droit,
- les clauses de réserve de propriété,

- les clauses de divisibilité et,
- les clauses de référencement.

A. / Les clauses d'intégralité

Encore appelées *clauses de quatre coins*, les clauses d'intégralité, qui sont facultatives, ont pour objet de sécuriser le périmètre du contrat en prévoyant que les documents qu'ont pu s'échanger les parties au cours des négociations ou même au cours de l'exécution du contrat n'ont pas de valeur contractuelle s'ils n'ont pas été annexés au contrat.

Cette clause qui balise le champ contractuel, permet en conséquence d'éviter les interprétations contradictoires, sources de malentendus, qui pourraient naître d'une lecture des divers documents échangés au cours de la négociation et de l'exécution du contrat. Aussi, en présence d'une telle clause chaque partie doit veiller à ce que soient annexés les documents formalisant les obligations de l'autre partie qui ont été échangés dans la phase des pourparlers. Il en est ainsi par exemple des spécifications techniques, des soumissions, etc.

Exemple de clause d'intégralité :

ARTICLE ... : INTEGRALITE

Il est convenu que le présent contrat renferme toutes les conditions et obligations que les parties ont adoptées, et qu'il ne peut pas être contredit ni complété par des déclarations ou des documents antérieurs. Ce contrat se substitue donc à tout autre document qui aurait pu être signé antérieurement ou échangé entre les parties à une date précédant la conclusion du présent accord.

B / Les clauses de stabilisation et d'intangibilité

En dépit de la récession économique notée au cours des dernières années, les marchés publics[34] représentent toujours une part non négligeable dans le produit national brut des pays de l'espace OHADA. En outre, les Etats ainsi que leurs démembrements consentent, de plus en plus, à passer des conventions avec des personnes morales de droit privé. Il en est ainsi des accords de développement économique, d'investissement, des contrats de concession pétrolière, etc.

Or, en tant que puissance publique, l'Etat dispose des prérogatives exorbitantes de droit commun qui lui permettent de modifier unilatéralement les accords passés. Le partenaire privé ou étranger a donc intérêt à se protéger contre ce risque découlant du caractère public de son cocontractant.

Les clauses de stabilisation et d'intangibilité, encore appelées clauses de protection, permettent de minimiser ces risques, en évitant que l'Etat n'utilise son pouvoir législatif et sa puissance en tant qu'autorité administrative au détriment de l'économie du contrat.

1. LES CLAUSES DE STABILISATION

Par la *clause de stabilisation*, l'Etat s'engage à ne pas modifier la législation telle qu'elle existe au moment de la conclusion du contrat ou tout au moins à ne pas appliquer une nouvelle législation au contrat. On parle « d'incorporation » de la loi de référence (initiale) au contrat.

Cette clause assure à la partie qui contracte avec l'Etat, la garantie du maintien de certaines conditions de base existantes au moment de la conclusion du contrat. En fonction de l'étendue de la protection recherchée, les parties sont

---

[34] Un marché public est un contrat conclu à titre onéreux entre une personne morale de droit public et des opérateurs économiques publics ou privés, pour répondre à ses besoins en matière de travaux, fournitures ou services.

libres, d'avoir recours à des clauses plus ou moins larges, figeant seulement une partie de la législation de l'État d'accueil ou alors l'intégralité de celle-ci.

En réalité, cette clause sert l'intérêt du partenaire privé qui pourra poursuivre ses opérations sans se faire trop de souci.

2. LES CLAUSES D'INTANGIBILITE

Les *clauses d'intangibilité* ont pour objet d'empêcher l'Etat de procéder à la modification unilatérale du contrat en faisant usage de ses prérogatives de puissance publique. Ainsi, dans un contrat de concession minière signé entre un Etat et une société minière étrangère, le Gouvernement ne peut, en présence d'une clause d'intangibilité, modifier ou arrêter unilatéralement le contrat de concession.

Par cette clause, le partenaire privé ou l'investisseur pourra être couvert contre l'aléa administratif, car l'Etat s'engage de ne pas exercer ses pouvoirs souverains pour changer les termes de l'accord de concession. Ainsi, l'Etat ne pourra pas, par exemple, décider d'exproprier ou de nationaliser les actifs de l'investisseur. Il ne pourra non plus modifier le régime fiscal ou douanier applicable au contrat.

Attention ! La clause de stabilisation et d'intangibilité ne suffit pas, à elle seule, pour mettre l'investisseur à l'abri des surprises désagréables. Elle doit être complétée par une clause d'arbitrage, afin d'éviter la compétence des tribunaux de l'Etat contractant.

Prenons l'exemple d'un investisseur étranger qui a pris le soin d'insérer dans un contrat de concession minière, une clause de stabilisation du droit. Ledit contrat prévoit la compétence des tribunaux locaux de l'Etat contractant en cas de différend.

Imaginons qu'à la suite d'un coup d'Etat, comme cela arrive très souvent dans nos pays, que les nouveaux maîtres des lieux, à la suite de la suspension de la Constitution et des

Institutions, décident également de suspendre tous les contrats de concession en cours, voire de les nationaliser. Naturellement, l'investisseur étranger qui, le plus souvent, a déjà engagé d'importantes dépenses dans le cadre de l'exécution du contrat, saisira les tribunaux pour faire valoir la cluse de stabilisation du droit.

Mais, je vois mal, comment dans un tel contexte, le juge national saisi pourra rendre une décision contraire à la décision de suspension ou de nationalisation prise par les nouveaux maîtres des lieux. Dans tous les cas, les tribunaux étatiques éprouveront une certaine gêne à censurer cette décision.

Or, si l'investisseur étranger avait pris la précaution de renforcer la clause de stabilisation par une clause d'arbitrage en terrain neutre, il aurait pu obtenir la condamnation de l'Etat, ne serait-ce qu'au paiement des dommages-intérêts conséquents pour le préjudice subi. Aussi, il aurait pu faire exécuter la sentence sans trop de souci, dans tous les autres Etats qui sont parties à la Convention de New York sur la reconnaissance et l'exécution des sentences arbitrales.

Il convient d'insister pour terminer sur la neutralité du siège de l'arbitrage. Reprenant l'exemple précédent, si le contrat avait prévu un arbitrage sur le territoire de l'Etat contractant, les risques demeureraient intacts, car les nouveaux maîtres des lieux pourraient également prendre, pour des raisons « d'ordre public », une décision pour suspendre jusqu'à nouvel ordre le déroulement de la procédure d'arbitrage.

Exemple de clause de stabilisation du droit extraite d'une Convention minière

ARTICLE ….. : STABILISATION

L'Etat s'engage à :

- garantir pendant toute la durée de la présente Convention, à la société ......, à ses filiales, à ses sous-traitants, à son ou ses gestionnaires, à ses mandataires sociaux, à ses agents expatriés et ses bailleurs de fonds, la stabilisation des avantages économiques et financiers, des conditions fiscales et douanières, législatives et réglementaires prévus dans la Convention ;

- dédommager la société ......, ses filiales, ses sous-traitants, son ou ses gestionnaires, ses mandataires sociaux, ses agents expatriés et ses bailleurs de fonds, selon le cas des frais supplémentaires résultants du changement des dispositions législatives et réglementaires en vigueur après la date de signature de la Convention ;

- garantir à la société ...... le libre choix des fournisseurs, des sous-traitants et des prestataires de services ainsi que des partenaires ;

- garantir que toutes dispositions plus favorables qui seraient prises après la signature de la Convention seront étendues de plein droit à la société ......, à ses filiales, à ses sous-traitants, à son ou ses gestionnaires, à ses mandataires sociaux, à ses agents expatriés et ses bailleurs de fonds, sauf renonciation expresse de leur part ;

- n'édicter à l'égard de la société......, de ses filiales, de ses sous-traitants, de son ou de ses gestionnaires, de ses mandataires sociaux, de ses agents expatriés et de ses bailleurs de fonds aucune mesure en matière de législation qui puisse être considérée comme discriminatoire par rapport à celles qui seraient imposées à des entreprises exerçant une activité similaire au <pays> ;

- faciliter l'obtention des autorisations administratives et permis requis pour le personnel expatrié et notamment les visas d'entrée et de sortie, le permis de travail et de séjour ;

- ne pas exproprier en totalité ou en partie les installations et les infrastructures bâties ou acquises dans le cadre des opérations minières de la société ......, de ses filiales et de ses sous-traitants, sauf en cas de force majeure ou nécessité publique. Dans ce cas, l'Etat versera à la société une juste indemnité fixée conformément à la législation en vigueur en matière d'expropriation au moment de la signature de la présente Convention, ainsi qu'aux principes admis en droit international.

C. / Les clauses de réserve de propriété

Les parties peuvent insérer dans un contrat de vente une clause leur réservant la propriété du bien vendu jusqu'à son paiement intégral par l'acheteur. Cette clause qu'il convient de préciser l'intérêt et la portée s'appelle clause de réserve de propriété.

1. INTERET / PORTEE

La clause de réserve de propriété offre une protection efficace contre les risques d'insolvabilité des clients, souvent aggravés par des délais de paiement très longs.

La clause de réserve de propriété permet de *retarder le transfert de propriété*. Dans la pratique, la livraison du bien vendu est souvent effectuée avant que son prix ait été payé en totalité. Il peut alors être utile de prévoir une clause de réserve de propriété qui vous permet de conserver la propriété du bien vendu jusqu'au règlement complet du prix.

La clause de réserve de propriété permet un *paiement prioritaire*. En cas de redressement judiciaire ou de liquidation des biens, la clause de réserve de propriété donne la possibilité au vendeur de récupérer son bien impayé en exerçant une action en revendication. L'action en revendication permettra au vendeur d'opposer le bénéfice de la clause de réserve de propriété aux autres créanciers et de reprendre le bien impayé dont il reste propriétaire.

En l'absence d'une clause de réserve de propriété, le vendeur sera obligé, en cas de redressement judiciaire ou de liquidation des biens, de déclarer sa créance comme un créancier ordinaire, avec peu de chance de recouvrer celle-ci. Or, en présence de cette clause, son statut sera amélioré. Il passera du statut de créancier chirographaire à celui, beaucoup plus protecteur, de propriétaire.

La clause de réserve de propriété peut servir d'*instrument de crédit*. Le vendeur peut obtenir, plus facilement, un crédit d'une banque en lui cédant la créance qu'il a sur son client si le contrat de vente est assorti d'une clause de réserve de propriété.

2. CONSEILS ET ECUEILS A EVITER

La clause de réserve de propriété peut être utilisée dans les contrats de fournitures, de marchandises de toutes sortes, sans distinction entre les biens corporels (marchandises, outillage) ou incorporels (marques, logiciels), mobiliers ou immobiliers.

Le domaine de cette clause a été considérablement étendu par la jurisprudence[35].

La revendication d'un bien vendu avec une clause de réserve de propriété n'est possible que si *deux conditions sont réunies*, l'une tenant à la clause, l'autre au bien revendiqué.

La clause de réserve de propriété doit avoir été convenue entre le vendeur et l'acheteur par écrit au plus tard au moment de la livraison. Elle peut être inscrite dans un contrat de vente, un devis, un bon de livraison, une facture, au recto ou au verso d'un accusé de réception de la commande ou bien au recto d'une confirmation de commande et d'une facture.

En cas de litige, c'est au fournisseur de prouver l'acceptation du client et les juges se prononcent au vu des circonstances. A cet effet, une clause de réserve de propriété inscrite sur une facture peut s'avérer inopérante, si la facture est reçue après la livraison de la marchandise. Il en est de même lorsque la clause figure sur le bon de livraison, car il n'est pas toujours certain que le client a eu connaissance de celle-ci.

Il peut arriver que le vendeur soit en relation d'affaires régulières avec l'acheteur, dans ce cas, les parties peuvent signer un contrat cadre initial, dans lequel elles prévoient une fois pour toutes que la clause de réserve de propriété s'applique à toutes les livraisons. Cela évite d'avoir à reproduire obligatoirement la clause de réserve de propriété pour chaque vente.

---

[35] Le législateur ne traitant explicitement que de la vente de biens meubles, la question de la validité de la clause de réserve de propriété dans le cadre d'une vente d'immeuble a fait l'objet de discussions doctrinales. Un arrêt rendu par la Cour de cassation française en 1996 semble avoir mis fin à la controverse, en reconnaissant qu'un vendeur d'immeubles qui avait inséré une clause de réserve de propriété dans l'acte de vente de son immeuble ne perdait pas son droit de propriété, même en cas d'absence de déclaration de créance de la fraction du prix restée impayée.

L'acheteur a également la possibilité de refuser une clause de réserve de propriété. Ce refus doit être exprès. Si la clause figure sur un bon de commande, il lui suffit de rayer la clause et parapher sa rature en marge. Le vendeur qui livre en dépit de cette rature est censé avoir renoncé à la clause de réserve de propriété.

La clause de réserve de propriété n'empêche pas le vendeur de *transférer les risques à son client dès la livraison.* En principe, les risques qui sont susceptibles d'entraîner la perte ou la détérioration du bien, s'ils ne sont dus ni à la faute du vendeur ni à celle de l'acheteur, sont à la charge de celui qui est propriétaire au moment où ils surviennent. Les parties sont toutefois libres de dissocier le transfert des risques du transfert de propriété.

Les parties peuvent, par exemple, stipuler dans le contrat que les risques sont à la charge de l'acheteur. A cet effet, ils doivent déterminer le moment à partir duquel cette disposition s'applique : à la livraison, dès le transport, dès qu'un bien fongible est individualisé (pour les biens vendus au poids), etc.

Cette précaution permet au vendeur de se protéger en cas de détérioration du bien. Il ne sera pas alors tenu de le remplacer ou de le réparer. Ce qui ne l'empêche pas de réclamer à l'acheteur le paiement complet du prix. Il est d'ailleurs possible d'insérer également dans le contrat une clause obligeant l'acheteur à s'assurer contre ces risques.

Exemple de clause de réserve de propriété assortie d'un transfert des risques et assurance

ARTICLE ….. : RESERVE DE PROPRIETE

Le vendeur se réserve la propriété des biens vendus jusqu'au paiement complet du prix, en principal et intérêts. En cas de procédure de règlement préventif, de redressement judiciaire ou de liquidation des biens de l'acheteur, la propriété des biens livrés et restés impayés pourra être revendiquée par le vendeur.

A défaut de paiement à l'échéance convenue, le vendeur pourra reprendre les biens vendus, la vente sera résolue de plein droit si bon semble au vendeur et les acomptes déjà versés lui seront acquis en contrepartie de la jouissance des biens vendus dont aura bénéficié l'acheteur.

Les biens vendus resteront la propriété du vendeur jusqu'au paiement intégral de leur prix mais l'acheteur en deviendra responsable dès leur remise matérielle, le transfert en possession entraînant celui des risques. L'acheteur s'engage, en conséquence, à souscrire, dès à présent, un contrat d'assurance garantissant les risques de perte, vol ou destruction des biens vendus.

D. / La clause de référencement

La clause de référencement est une clause facultative. Le référencement est l'action de référencer, c'est-à-dire mentionner quelque chose ou y faire référence.

Il arrive que les parties ne souhaitent pas faire savoir qu'elles ont contracté entre elles, et il peut alors être stipulé une clause de confidentialité du contrat, voire de l'affaire conclue.

Néanmoins, dans bien des cas, surtout si la prestation est satisfaisante, le prestataire pourra désirer faire état du fait d'avoir travaillé pour le client. Il sera utile qu'une clause le permette clairement, que le client accepte que le prestataire puisse faire figurer parmi ses références les travaux accomplis dans le cadre du contrat.

La clause de référencement peut être rédigée de plusieurs manières :

Exemple 1 :

ARTICLE … : REFERENCEMENT

D'une manière générale, les Parties conviennent d'obtenir l'accord préalable écrit de l'autre partie avant la publication de texte faisant mention ou référence au présent contrat.

Exemple 2 :

ARTICLE … : REFERENCEMENT

Le Client accepte que le Prestataire puisse faire figurer parmi ses références les travaux accomplis dans le cadre du présent contrat.

E. / Les clauses de divisibilité

Il s'agit d'une clause facultative.

Cette clause prévoit que, advenant l'invalidité ou l'inapplicabilité de toute partie de la convention, les autres clauses de l'entente, dans la mesure du possible, survivent et demeurent en vigueur dans leur entièreté.

Certaines conventions vont plus loin en affirmant que seules les clauses qui n'altèrent pas la convention intégrale peuvent être divisées et que la licence en entier devrait prendre fin si la suppression de cette clause rend déraisonnable le maintien de la licence ; cela reflète les règles de droit dans bon nombre de juridictions.

Exemple de clause de divisibilité :

ARTICLE … : DIVISIBILITE

Si l'une des clauses du présent contrat était contraire à une loi d'ordre public nationale ou internationale, seule la clause en question sera annulée, le contrat demeurant valable pour le surplus. Les parties négocieront de bonne foi la rédaction d'une nouvelle clause destinée à remplacer celle qui était nulle.

SECTION 4 : LES CLAUSES RELATIVES A LA RUPTURE DU LIEN CONTRACTUEL

La rupture du contrat peut être la conséquence logique de son exécution, tout comme elle peut résulter d'une sanction prononcée par le juge pour inexécution par l'une des parties de ses obligations.

Pour éviter de recourir à la voie judiciaire avec tous les risques qui y sont attachés, les parties ont la possibilité d'insérer dans le contrat une clause qui permettra de mettre fin au contrat sans l'intervention du juge. Il en est ainsi de la clause résolutoire ou de la clause de résiliation. De peur souvent de plomber l'ambiance des négociations, les parties ont souvent tendance à survoler ces clauses, qui sont pourtant essentielles.

§ 1. La clause résolutoire

La résolution d'un contrat peut avoir lieu *en cas d'inexécution* de ses obligations par l'un des cocontractants ou si le contrat *ne peut pas être exécuté,* notamment pour cause de force majeure par exemple.

Elle peut être mise en œuvre à travers une clause résolutoire, dont il convient d'en préciser la portée avant d'envisager les écueils à éviter.

A. / Intérêt / Portée

La clause résolutoire *définit à l'avance les conditions de rupture d'un contrat si l'une des parties ne le respecte pas.* Elle a un rôle dissuasif, car elle incite le contractant défaillant à exécuter ses obligations.

Cette clause permet d'écarter l'intervention préalable du juge en cas d'inexécution du contrat par l'une des parties. Elle permet ainsi d'évincer le pouvoir d'appréciation du juge quant au bien fondé de la résolution.

Lorsque dans un contrat il existe une clause résolutoire, et qu'elle s'accomplit, elle aura un *effet rétroactif,* c'est-à-dire que l'on reviendra dans la situation initiale, comme si le contrat n'avait pas été conclu. De façon prosaïque, la résolution efface le contrat.

La résolution entraîne la destruction du contrat qui sera considéré comme n'ayant jamais existé, les choses sont remises dans l'état où elles se trouvaient à la date de conclusion du contrat. Par conséquent, les parties devront restituer toutes les prestations qu'elles ont reçues de part et d'autre.

La résolution peut être totale ou partielle. Elle est totale si elle est étendue à d'autres contrats liés à la convention en cause, à cet effet, il est nécessaire d'en tenir compte au moment de la rédaction de la clause.

B. / Conseils et écueils à éviter

La clause résolutoire doit être bien rédigée afin de faciliter la rupture du contrat. D'abord, la résolution doit être *automatique* même si le débiteur est de bonne foi. Les parties ont intérêt à veiller à la précision de la formulation, car une formulation trop imprécise donnera à l'une des parties l'occasion de contester, et obligera l'autre partie à solliciter l'arbitrage des tribunaux.

Par exemple, si la clause se limite à mentionner que : « Le Contrat sera résolu en cas d'inexécution par l'une des parties de ses obligations. », la partie qui l'invoquera devra demander au juge de prononcer la résolution. Or, les parties n'ont pas besoin de recourir au juge si la clause a prévu une résolution « de plein droit ». Il en est de même lorsque la clause prévoit une résolution « de plein droit et sans mise en demeure ». Dans ce dernier cas, la résolution se produit sans mise en demeure et sans recourir au juge.

Ensuite, la clause résolutoire doit être *non équivoque et spécifique*, elle doit préciser quelle inexécution pourra entraîner la résolution du contrat. Pour éviter de fragiliser la mise en œuvre de la clause, il faut employer des termes précis, en indiquant les cas de résolution.

Les parties doivent indiquer de façon précise l'obligation qui entraînera la résolution du contrat si elle n'est pas remplie. Il peut s'agir du non respect des délais contractuels.

La clause résolutoire peut être rédigée de plusieurs manières, en fonction de l'objectif recherché. Ci-après quelques exemples :

Exemple 1 :

ARTICLE ... : RESOLUTION

Si la livraison n'intervient pas à la date prévue au contrat, le contrat de vente sera résolu de plein droit, sans recours à une instance judiciaire ou arbitrale quelconque et sans qu'une mise en demeure soit nécessaire. Le vendeur sera tenu de restituer tout ou partie du prix qu'il aurait reçu dans le mois qui suit la date prévue pour la livraison.

Exemple 2 :

ARTICLE ... : RESOLUTION

Si la livraison n'intervient pas à la date prévue au contrat, le contrat de vente sera résolu de plein droit et sans recours à une instance judiciaire ou arbitrale quelconque, si la mise en demeure par lettre recommandée avec accusé de réception de l'acheteur invitant le vendeur de livrer est restée sans effet pendant une période d'un mois à compter de la date de réception de cette mise en demeure. Le vendeur sera tenu de restituer tout ou partie du prix qu'il aurait reçu dans la semaine suivant l'expiration du mois accordée par la mise en demeure.

§ 2. La clause de résiliation

La résiliation peut être légale[36], judiciaire[37] ou conventionnelle. La résiliation conventionnelle est celle qui résulte d'une clause du contrat et qui est mise en œuvre à l'initiative des parties.

C'est de cette dernière forme de résiliation qu'il s'agit ici. Il convient de préciser la portée de cette clause avant d'envisager les conseils utiles pour sa rédaction.

A. / Intérêt / Portée

La résiliation désigne la fin prématurée d'un contrat à exécution successive ou dont l'exécution se déroule dans le temps. Elle sanctionne généralement un ou plusieurs manquements de l'une des parties au contrat. La clause de résiliation permet aux parties de convenir et de fixer ensemble les conditions et les modalités du dénouement du lien contractuel.

La résiliation n'est possible que pour les contrats dont les prestations s'étalent dans le temps comme les contrats de distribution, de bail, d'assurance, de travail, etc. Contrairement à la résolution, la résiliation met fin au contrat pour l'avenir.

De façon concrète, il est facile de comprendre que le locataire n'est pas en mesure de restituer au bailleur l'avantage qu'il a tiré de l'occupation des lieux loués. Il en est

---

[36] La loi prévoit certains cas d'espèce où la résiliation pourra être obtenue de plein droit. Cette résiliation de plein droit s'obtient lorsqu'une obligation essentielle du contrat n'est pas remplie et qu'il n'est pas besoin d'un juge pour le démontrer.

[37] En cas d'inexécution de ses obligations par l'une des parties, l'autre pourra demander devant le juge la résiliation du contrat. La résiliation judiciaire est l'ultime recours lorsque les parties sont en désaccord sur une résiliation de plein droit ou qu'elles n'ont pas prévu de résiliation contractuelle ou encore si celle-ci est contestée.

de même de l'employeur qui ne peut pas restituer à son salarié le travail que celui-ci lui a fourni.

Pour éviter de confier le sort de leur contrat au juge, les parties ont la possibilité de prévoir dans leur contrat dans quels cas le contrat pourra être résilié. Il s'agit de la résiliation contractuelle.

B. / Conseils et écueils à éviter

La clause de résiliation concerne au premier chef les contrats à durée indéterminée. *Un contrat à durée indéterminée peut être résilié à tout moment par l'une des parties, les engagements éternels étant interdits.* Cette résiliation ne doit cependant pas être brutale, elle doit intervenir à l'issue d'un délai de préavis.

Dans le silence du contrat, la rupture des relations commerciales doit intervenir après un délai de préavis qui tient compte des usages commerciaux, notamment de la nature des relations commerciales, du montant du contrat, etc. Les juges apprécient librement ce délai de préavis.

Une faute grave peut, toutefois, justifier la dispense de préavis. Lorsque les parties ont prévu dans le contrat à durée indéterminée, le respect d'un préavis en cas de résiliation du contrat, il n'est plus nécessaire, au moment de la mise en œuvre de la clause de résiliation, d'invoquer les motifs de la résiliation si le délai de préavis est respecté. Mais attention, la rupture ne doit pour autant pas être abusive.

Concernant les contrats à durée déterminée, ils ne peuvent en principe prendre fin avant leur terme. La résiliation unilatérale du contrat avant l'arrivée du terme constitue une faute, ouvrant droit à une action en responsabilité civile au bénéfice du cocontractant, sauf si la rupture est justifiée par l'inexécution ou les manquements du cocontractant.

Toutefois, en présence d'une clause de résiliation, le contrat peut néanmoins être résilié pour un motif légitime, c'est-à-dire en cas de manquement grave d'une partie rendant impossible le maintien du contrat, selon la jurisprudence.

En l'absence d'une telle clause, la résiliation ne peut être obtenue que par voie judiciaire. Le juge prononcera la résiliation aux torts exclusifs d'une partie ou réciproques des parties et fixera le montant des dommages et intérêts en fonction du degré de responsabilité de chacune des parties.

Les précisions de formulation et de rédaction faites pour la clause résolutoire valent également pour la clause de résiliation.

CHAPITRE 3
LES STIPULATIONS COMMUNES FIGURANT A LA FIN DU CONTRAT

En général, les stipulations finales d'un contrat ne font pas l'objet de discussions entre les parties. Souvent lorsque les parties décident d'en discuter, c'est à la dernière minute.

Or, les stipulations finales comportent des clauses dont l'incidence sur le contrat ne doit pas être négligée, d'où la nécessité de prêter une attention particulière à la négociation et à la rédaction de celles-ci. Le pire piège qui puisse exister, c'est de rédiger tout son contrat et ensuite d'y coller, un peu au hasard, des clauses finales.

Les stipulations finales recouvrent plusieurs aspects :

- le règlement des différends,
- la langue contractuelle
- l'élection de domicile,
- l'entrée en vigueur,
- le nombre d'exemplaires,
- les signatures,
- les annexes,
- la table des matières.

SECTION 1 : LES DIFFERENDS

Mieux vaut parfois un bon accord qu'un mauvais procès, le recours au tribunal n'est pas la seule solution pour l'entreprise. Il est préférable de prévoir, dès la signature du contrat, les modes de règlement des différends.

Il existe une mosaïque de modes de règlement des différends, comprenant particulièrement le règlement amiable, la conciliation, la médiation, l'arbitrage et le recours aux tribunaux étatiques. Les clauses sur les différends visent essentiellement à régler par avance certaines difficultés susceptibles d'apparaître au cours de l'exécution du contrat, ou lors de sa cessation.

§ 1. Le recours au règlement amiable

La procédure de règlement amiable permet aux parties contractantes de rechercher une solution amiable à leur différend, sans avoir à saisir le juge du contrat.

A. / Intérêt / Portée

Du fait de la liberté contractuelle, les parties ont la possibilité d'insérer dans leur contrat une clause de règlement amiable. Par cette clause, les parties contractantes s'engagent, préalablement à toute saisine du juge étatique ou arbitral, à se rencontrer pour tenter de régler à l'amiable tout différend qui surviendrait entre elles.

La clause de règlement amiable oblige donc les parties à rechercher une solution négociée à leur différend. Par conséquent, elles ne peuvent pas agir en justice avant le terme de la négociation. C'est en cas d'échec de la procédure de négociation que d'autres modes de traitement des différends peuvent entrer en jeu.

Les parties ont l'obligation de négocier de bonne foi. Au risque d'engager leur responsabilité, elles ne doivent pas se livrer à un simulacre de discussion.

La clause de règlement amiable présente un intérêt certain. Elle permet aux parties de s'entendre pour résoudre leur différend et par conséquent de ne pas l'officialiser. Cela permet de maintenir des relations harmonieuses et de préserver le lien de confiance entre les parties.

B. / Conseils et écueils à éviter

L'intérêt que présente la clause de règlement amiable n'est pas négligeable. Comme on l'a vu, elle offre aux parties l'opportunité de régler elles-mêmes leur différend, sans tambour ni trompette.

Mais attention ! Cette clause présente une faiblesse, celle de ne pas permettre à un tiers d'intervenir dans le règlement du différend. Or, l'intervention d'un tiers indépendant peut s'avérer utile, notamment pour apaiser les tensions entre les parties ou encore pour permettre à celles-ci d'avoir une autre vision de leur différend.

A cet effet, les parties ont intérêt à renforcer l'effectivité de la clause de règlement amiable, notamment par une description claire et précise de la procédure à suivre en cas d'échec de la négociation. Cela peut consister dans un premier temps, avant la saisine du juge, à l'intervention d'un tiers conciliateur ou d'un médiateur. L'intervention de ce tiers permettra d'avoir une vision moins conflictuelle du différend et aidera les parties à trouver une solution à leur différend.

C'est une lapalissade, la clause de règlement amiable oblige les parties à négocier de bonne foi. Mais, le risque de dilatoire n'est pas à exclure. Pour s'y prémunir, les parties ont intérêt à limiter la durée des négociations. Il faut en effet éviter qu'une partie qui n'est nullement animée de la volonté de trouver une solution amiable au différend se serve de cette clause pour allonger la procédure.

Exemple de clause de règlement amiable :
(Cette clause est renforcée par l'intervention d'un tiers)

ARTICLE ... : REGLEMENT AMIABLE

En cas de désaccord né de l'exécution ou de l'interprétation du présent contrat, les parties doivent se soumettre dans un premier temps à un règlement à l'amiable.

Pour ce faire, la partie voulant engager cette procédure devra notifier par lettre recommandée, avec avis de réception, sa volonté en laissant un délai de <nombre> jours à l'autre partie et en indiquant les éléments du conflit.

Les parties s'obligent à négocier dans un esprit de loyauté et de bonne foi un accord amiable. Si au terme d'un délai de <nombre> jours, les parties ne parviennent pas à s'entendre, elles désigneront d'un commun accord un expert dans le délai de <nombre> jours à compter de cet échec. A défaut d'accord le Président du Tribunal chargé des affaires commerciales <ville> aura compétence pour désigner l'expert.

L'expert de la procédure amiable devra tenter de concilier les parties dans un délai de <nombre> jours. Le rapport que rédigera l'expert restera confidentiel et ne pourra être utilisé lors d'une procédure judiciaire.

Les parties présentes s'engagent à ne pas utiliser les informations qui auront pu être divulguées lors de la conciliation.

Si la conciliation aboutit, un accord transactionnel et confidentiel sera signé par les deux parties. Si elle échoue, le différend sera soumis à la juridiction compétente.

§ 2. Le recours à la conciliation ou à la médiation

Les séparations orageuses laissent toujours des séquelles. Les parties ont souvent intérêt à reporter leur confiance sur un tiers qui les aidera à trouver une solution à leur différend. Elles peuvent opter pour la conciliation ou la médiation qui sont des modes alternatifs de résolution des conflits, c'est-à-dire des modes volontaires et non juridictionnels de solutionnement des différends.

A. / Intérêt / Portée

La *conciliation* consiste dans l'intervention d'un tiers qui après avoir écouté les parties et analysé leur point de vue leur propose une solution pour régler leur différend, ce qui la distingue de la médiation, laquelle reste un accompagnement et de l'arbitrage qui est contraignant. Les parties sont naturellement libres d'accepter ou de refuser la solution proposée. Le recours à un conciliateur est donc libre.

Celui qui s'entremet à la demande des parties dans le cadre d'une mission d'organisation de rendez-vous pour rechercher la résolution d'un différend est un *médiateur*. Il n'a pas le pouvoir d'imposer sa décision.

La *médiation* consiste à accompagner dans la réflexion les parties à un différend, pour leur permettre de *le résoudre elles-mêmes* de manière pacifique, sans soumission ni contrainte. Elle se fonde sur l'art du langage pour permettre la création ou recréation de lien entre des personnes en conflit.

La procédure de médiation offre aux parties la possibilité de dialoguer et de se retirer en cours de médiation. En plus d'être une démarche commune, elle a l'avantage d'être rapide, confidentielle, moins coûteuse et souple.

Comparativement au recours traditionnel devant les tribunaux, la médiation, à l'instar de la conciliation, met les parties à l'abri de la lenteur des procédures judiciaires. En effet, il revient à celles-ci d'établir en concertation avec le médiateur, le rythme des rencontres et l'échéance de la médiation.

Une médiation peut donc se dérouler en quelques semaines, voire quelques jours, ce qui n'est pas le cas d'une action judiciaire qui nécessite un temps relativement plus long en fonction de la nature du différend. Au-delà de cette lenteur, les parties doivent débourser des sommes relativement plus importantes qu'en matière de médiation ou de conciliation, notamment pour payer les frais d'enrôlement du dossier, de significations des différents actes de procédure, etc.

Enfin, dans une instance de médiation ou de conciliation, seuls les parties en cause et le médiateur, ont connaissance des faits entourant le différend, du déroulement des séances et de l'issue de la médiation. La procédure de médiation, tout comme de conciliation, a donc un caractère confidentiel, ce qui est un avantage non négligeable, surtout dans le domaine des affaires.

B. / Conseils et écueils à éviter

Au moment de la rédaction de la clause de conciliation ou de médiation, les parties disposent d'une alternative. Elles ont le choix entre une structure institutionnelle disposant de son propre mode de fonctionnement et d'une liste préétablie de conciliateurs ou de médiateurs et une conciliation ou médiation ad hoc.

Le recours à un centre de médiation ou de conciliation offre aux parties plus de visibilité dans le déroulement du processus de conciliation ou de médiation, car ce processus est déterminé par un règlement auquel elles adhérent. Par contre, si les parties optent pour une conciliation ou une médiation ad hoc, il leur revient de définir les modalités de déroulement du processus de conciliation ou de médiation.

Les parties doivent déterminer les règles de procédure, les modalités de désignation du médiateur, ses honoraires, le lieu de la médiation, sa durée, etc. Cela peut se faire à travers un protocole de mission qui doit être rédigée avec minutie.

Sur ce point, il convient de rappeler que le conciliateur ou le médiateur ne travaille pas pour rien. Pour éviter que la question de ses honoraires envenime la situation, le protocole de mission doit préciser les modalités financières de son intervention (partage des frais d'honoraires par exemple entre les parties).

Depuis 2003, la Cour de Cassation française a consacré la valeur contractuelle de la clause de conciliation[38]. Elle a affirmé que le non-respect d'une clause de conciliation constitue une fin de non-recevoir devant une juridiction étatique.

Il se déduit de cet arrêt qu'une partie, sauf urgence justifiant une action en référé, est irrecevable à agir devant la juridiction étatique ou arbitrale, sur le fondement du contrat, avant que la procédure de conciliation ou de médiation conventionnelle ait été mise en œuvre. Toutefois, le contrat étant avant tout la loi des parties, les juges ne peuvent soulever d'office cette irrecevabilité. Il revient aux parties d'invoquer cette fin de non-recevoir.

---

[38] Cass. Com. Ch. Mixte, 14 février 2003, Bull. Civ. n°1, D. 2003, p. 1386, P. ANCEL et M. COTTIN et som. 2480, T. CLAY.

Exemple de clause de médiation :

ARTICLE … : MEDIATION

Les différends qui viendraient à se produire à propos de la validité, de l'interprétation ou de l'exécution du présent contrat, seront soumis à la médiation et ce, avant d'engager quelque procédure en arbitrage ou devant les tribunaux étatiques.

La partie qui souhaite mettre en œuvre le processus de médiation doit en informer l'autre partie par lettre recommandée avec accusé de réception en indiquant les éléments du conflit et en proposant le cas échéant le nom d'un médiateur. Si les parties ne parviennent pas à s'entendre sur le nom d'un médiateur ou si ce dernier n'accepte pas sa mission dans un délai de <nombre> jours à compter de sa saisine, la partie la plus diligente peut saisir le juge des référés afin que celui-ci désigne un médiateur.

La médiation débutera au plus tard <nombre> jours à compter de l'acceptation de sa mission par le médiateur (ou à compter de la date de la première rencontre ou encore dès la consignation des honoraires du médiateur) et la durée de la médiation ne peut excéder <nombre> jours, sauf accord exprès des parties.

Les honoraires et débours du médiateur se partageront en parts égales entre les parties à la médiation.

En cas d'échec de la médiation, les parties soumettront le différend à l'arbitrage, conformément …. (En cas d'échec de la médiation, seuls les tribunaux de ……. seront compétents pour connaître le différend.)

§ 3. Le recours a l'arbitrage

Au lieu d'aller devant les juridictions étatiques, les parties peuvent, par une clause du contrat, s'engager à saisir un arbitre en cas de différend sur l'interprétation ou l'exécution de leur contrat. Cette clause qui n'est valable qu'entre commerçants, doit être suffisamment précise pour garantir son efficacité[39].

A. / Intérêt / Portée

Dans des pays où la justice n'est pas fiable, il faut tout prévoir pour éviter de se faire juger sur place. L'arbitrage est la solution.

L'arbitrage est un mode consensuel de règlement des différends commerciaux fréquemment utilisé sur la scène internationale. Il n'est possible que lorsque les parties en litiges décident contractuellement de recourir à la justice privée pour échapper au juge étatique.

Les parties recourent à ce mode de règlement des différends qu'est l'arbitrage parce qu'il présente deux avantages fondamentaux : la confidentialité et la rapidité. Cependant, l'arbitrage présente cet inconvénient majeur d'avoir un coût relativement élevé. Il est donc plutôt adapté à des affaires importantes. Par conséquent, il est souhaitable de n'y recourir que pour des litiges d'un montant élevé.

Le recours à l'arbitrage doit être prévu par une clause compromissoire dans le contrat. Elle prévoit dans le contrat que les litiges seront réglés par un tribunal arbitral privé. « *La clause compromissoire est à rédiger quand on s'aime, avant le mariage. Quand les assiettes volent, il est trop tard !* » Par conséquent, les parties doivent se mettre d'accord sur l'arbitrage au moment de signer le contrat.

---

[39] Voir les dispositions de l'Acte Uniforme relatif au droit de l'arbitrage

Certes, l'arbitrage peut également découler d'un compromis d'arbitrage. Mais, il est peu probable d'envisager la signature d'un compromis d'arbitrage quand le litige est déjà né.

Il convient de préciser que, depuis *l'arrêt GOSSET du 07 mai 1963*[40], le principe de l'autonomie de la clause compromissoire par rapport au contrat principal a été posé. En conséquence, la nullité du contrat de base n'entraîne pas la nullité de la clause compromissoire. Cela s'explique aisément, si on a un contrat nul, il faut bien quelqu'un pour le constater, or les parties voulaient l'arbitrage ; l'arbitre pourra constater la nullité.

Lors de la rédaction de la clause d'arbitrage, les parties disposent d'une alternative. Elles peuvent opter pour un arbitrage institutionnel ou un arbitrage ad hoc.

L'arbitrage institutionnel est régi par un organisme professionnel, à l'instar de la Cour Commune de Justice et d'Arbitrage de l'OHADA, de la Cour internationale d'arbitrage de la Chambre de Commerce Internationale de Paris. Ces organismes ont l'avantage de disposer de leur propre règlement de procédure. Souvent, ils proposent des clauses-types à insérer dans les contrats, mais ces clauses doivent être manipulées avec beaucoup de prudence.

Si les parties optent pour un arbitrage ad hoc, elles doivent définir les règles de procédure, désigner les arbitres et le lieu de l'arbitrage. Contrairement au mode d'arbitrage précédent, les parties ne sont assistées d'aucune institution.

B. / Conseils et écueils à éviter

La rédaction d'une clause d'arbitrage demande beaucoup de vigilance. Dans ce domaine, comme pour la plupart des

---

[40] Cass. Civ. 1ère, *Gosset c. Carapelli*, Rev. arb. 1963, p. 60 ou JDI 1964, p. 82.

clauses contractuelles, il n'existe pas de clause type ou de clause passe-partout. Les parties doivent rédiger la clause d'arbitrage en tenant compte de l'incidence que son contenu peut avoir sur l'ensemble du contrat.

Il ne suffit pas d'avoir une clause d'arbitrage valide, il faut également s'assurer de son efficacité. Une clause d'arbitrage peut parfois paraître avantageuse, mais elle a souvent un coût élevé. A cet effet, il faut s'assurer que votre entreprise pourra suivre.

Le coût élevé de l'arbitrage n'est pas une fatalité, les parties ont la possibilité de le limiter. Elles peuvent, par exemple, prévoir dans la clause d'arbitrage que, en deçà d'un certain montant, le tribunal arbitral statuera sur pièces et pourra, s'il y a lieu, compléter l'instruction par voie de questionnaire adressé aux parties. Cette formule permet de faire des économies en frais de déplacement et d'avocats.

Dans la même optique, et toujours pour minimiser les coûts, les parties peuvent extirper du champ d'application de la clause d'arbitrage les matières pour lesquelles l'arbitrage n'est pas indispensable. Pour ces matières, elles peuvent prévoir un règlement amiable ou même le recours aux tribunaux.

Mais attention ! Cette forme de « dépeçage » est à manier avec précaution. En effet, cette délimitation peut contribuer à retarder la procédure d'arbitrage. Elle peut aussi entraîner l'annulation de la sentence arbitrale si l'arbitre statue sur des questions qui ne relèvent pas de sa compétence.

En tout état de cause, une clause d'arbitrage devrait comporter certaines précisions qui sont essentielles pour assurer son efficacité. Ces précisions portent sur :

- le droit applicable, le lieu et la langue de l'arbitrage. La neutralité est un élément important dans le choix du lieu de l'arbitrage, cela donne aux parties un sentiment d'équité car elles se retrouvent en territoire étranger, supportent en général les mêmes frais, d'avion et d'hôtel par exemple. Cette neutralité peut également concerner le choix du droit applicable si les parties veulent éviter l'immixtion de leur droit national dans le processus d'arbitrage.

Les parties doivent également accorder une attention particulière dans le choix du droit qui régira l'arbitrage. Dans un contrat de vente internationale, par exemple, le choix du droit OHADA n'est pas nécessairement le meilleur choix pour le vendeur professionnel, notamment en ce qui concerne les questions de responsabilité.

- le nombre d'arbitres, leur qualité, le ou les délais pour désigner un arbitre, la méthode de désignation, les connaissances spécifiques que devra posséder l'arbitre. Les parties doivent s'assurer que l'arbitre choisi a une connaissance suffisante de la langue de l'arbitrage et du domaine sur lequel porte l'arbitrage.
- la nature des litiges soumis à l'arbitrage (pas forcément tous...).

L'arbitrage connaît toutefois des limites. Quand la sentence est rendue, la partie perdante n'a pas l'obligation d'exécuter la décision. En cas de mauvaise volonté, il faut donc demander un exequatur au tribunal de grande instance de son pays.

L'exequatur est la procédure judiciaire rendant applicable la sentence prononcée dans un pays, dans un autre pays, à partir d'accords internationaux. Si l'exequatur des sentences OHADA ne pose *a priori* aucun problème, tel n'est pas le cas des sentences hors droit OHADA, c'est-à-dire des sentences arbitrales rendues dans un Etat membre selon des règles autres que celles de l'OHADA ou celles rendues dans un Etat nonmembre de l'OHADA selon des règles autres que celles de l'OHADA[41].

Suivant les dispositions de l'article 34 de l'Acte uniforme relatif au droit de l'arbitrage, les sentences étrangères à l'espace OHADA ou rendues sur le fondement de règles différentes de celles prévues dans l'Acte uniforme seront soumises à deux régimes bien distincts pour l'obtention de l'exequatur dans l'espace OHADA. Ainsi, dans les Etats membres où il n'existerait aucune disposition conventionnelle applicable à l'exequatur des sentences, l'exequatur ne pourra être obtenu (art. 31 AUDA). Dans les Etats membres où il existerait de telles dispositions conventionnelles, les sentences seraient soumises aux conditions prévues par ces dispositions en matière de reconnaissance et d'exequatur des sentences.

Par conséquent, pour l'arbitrage hors droit OHADA, il est prudent de s'assurer que la sentence qui sera rendue sera reconnue et exécutée. Sur les dix-sept Etats actuellement membres de l'OHADA, dix sont parties à la Convention de New York du 10 juin 1958 sur la reconnaissance et l'exécution des sentences arbitrales[42].

---

[41] Pour plus de développements, voir H-J. TAGUM FOMBENO, « Regard critique sur le droit de l'arbitrage OHADA », Juriscope, Revue de l'Actualité juridique, Poitiers, Juillet 2003, www.juriscope.org

[42] Bénin, Burkina Faso, Cameroun, Centrafrique, Côte d'Ivoire, Gabon, Guinée, Mali, Niger, Sénégal.

Exemple de clause d'arbitrage :

ARTICLE ... : ARBITRAGE

Tout différend relatif à la validité, l'interprétation ou l'exécution du présent Contrat sera tranché définitivement suivant le Règlement d'arbitrage de la Cour Commune de Justice et d'Arbitrage de l'OHADA, en vigueur à la date d'introduction de la procédure d'arbitrage, par un ou plusieurs arbitres nommés conformément à ce règlement.

La Partie qui désirera recourir à l'arbitrage informera par lettre recommandée l'autre Partie. L'arbitrage aura lieu à Yaoundé (Cameroun). Le droit français sera applicable et la langue d'arbitrage sera le français.

La présente clause d'arbitrage restera valable même en cas de nullité, de résiliation, d'annulation ou d'expiration du présent Contrat. Le fait par l'une des Parties d'intenter une procédure contre l'autre Partie ne pourra, par lui-même, suspendre ses obligations contractuelles telles qu'elles résultent du présent Contrat.

La signature de la présente clause d'arbitrage vaut renonciation par accord exprès des Parties à toute immunité de juridiction et d'exécution dont elles pourraient se prévaloir.

§ 4. Le recours aux tribunaux

La voie juridictionnelle est généralement très longue, mais elle est souvent imposée aux parties, même si celles-ci peuvent parfois négocier une clause de juridiction dont il convient de préciser sa portée et de voir les écueils à éviter.

A. / Intérêt / Portée

Encore appelée clause attributive de juridiction, la clause attributive de compétence permet aux parties de prévoir par avance, dans le contrat, quel tribunal sera compétent pour statuer sur un litige survenant par rapport au contrat. Il existe deux types de clauses : les clauses attributives de compétence territoriale et les clauses attributives de compétence matérielle.

La clause attributive de compétence territoriale permet aux parties de définir *le lieu de la juridiction compétente* afin de traiter d'un litige entre elles. La portée de ces clauses est très limitée, car si elles sont admises entre commerçants, elles doivent être stipulées dans le contrat.

La clause attributive de compétence matérielle permet aux parties de prévoir par avance *quel type de juridiction*, civile ou commerciale, sera compétente en cas de litige entre elles. Le choix du type de juridiction dépend de la qualité des parties. Il est obligatoirement civil si l'une des parties n'est pas commerçant. Si les deux parties sont des commerçants, elles sont libres de décider du tribunal compétent.

Cette clause présente *un intérêt stratégique* pour les parties car les règles applicables devant ces juridictions sont différentes. Une juridiction commerciale appliquera les règles commerciales alors qu'une juridiction civile appliquera les règles de droit commun, ce qui n'est pas sans incidence sur les relations contractuelles.

A titre d'exemple, en matière commerciale, la preuve peut être apportée par tout moyen ce qui n'est pas le cas en matière civile où la preuve littérale est exigée à partir d'un certain montant. Il en est de même en matière de prescription dont le délai varie suivant qu'on est en matière commerciale ou civile.

En pratique, cette clause peut permettre à une entreprise qui a plusieurs succursales de centraliser tous ses litiges en un lieu unique, le tribunal du lieu du siège social, par exemple.

B. / Conseils et écueils à éviter

La clause attributive de juridiction n'est en principe valable que dans les contrats passés entre commerçants. Même si cette clause peut être insérée dans un contrat impliquant un commerçant et un consommateur, il convient de signaler qu'elle sera considérée comme abusive si elle engendre un déséquilibre de droits et obligations à l'égard du consommateur.

Ainsi, sera considérée comme abusive une clause qui, dans un contrat conclu entre un consommateur et un commerçant, attribue expressément compétence à un juge ou à un tribunal *autre que celui qui correspond au domicile du consommateur ou au lieu d'exécution de l'obligation.* Le consommateur ne saurait être tributaire du lieu indiqué dans le contrat en cas de litige.

Attention ! Le choix de la juridiction à travers la clause de juridiction a incontestablement des conséquences sur la loi qui s'appliquera. Ce choix doit donc être opéré en tenant compte de cet aspect, surtout dans un contrat international. Dans un contrat de vente, par exemple, le choix d'un tribunal français n'est pas forcement le meilleur choix, notamment pour les biens d'équipement.

Exemple de clause d'attribution de compétence :

ARTICLE ... : LITIGES

Tous les litiges auxquels le présent contrat pourra donner lieu tant pour sa validité que pour son interprétation, son exécution ou sa résiliation sera de la compétence exclusive des tribunaux du ressort du ...... (vendeur), même en cas de pluralité de défendeurs ou d'appel en garantie.

SECTION 2 : LA LANGUE DU CONTRAT

Le choix de la langue du contrat est un acte important, il n'est jamais innocent. Si dans certains pays, la loi impose pour des raisons politico-administratives l'utilisation de la langue officielle pour certains types de contrats[43], il reste que ce choix est en grande partie dicté par des raisons pratiques.

Le choix de la langue du contrat doit tenir compte d'un certain nombre de paramètres, notamment du lieu d'exécution du contrat et du droit applicable au contrat. Par ailleurs, la langue de négociation n'est pas nécessairement celle de la rédaction du contrat.

S'agissant du lieu d'exécution, les parties ont intérêt à rédiger leur contrat dans une langue qui est celle de la partie qui sera chargée de son exécution. A défaut, les personnes qui

[43] Dans un souci de la protection du consommateur, certains États exigent que la langue du contrat soit la langue nationale. Il en est ainsi au Sénégal ou en France où les contrats de travail doivent être rédigés en langue française.

seront chargées de mettre en œuvre le contrat, s'ils pourront en comprendre éventuellement le sens général, n'en donneront pas une application rigoureuse conforme à la volonté des parties.

Concernant le droit applicable, il s'agit de réaliser la meilleure adéquation possible entre la règle et l'expression de la règle en choisissant comme langue du contrat, la langue du pays dont le droit est aussi désigné pour régir le contrat. Ceci permet notamment de limiter les risques juridiques liés à l'interprétation du contrat.

Dans la procédure d'arbitrage, par exemple, la langue revêt une importance particulière en cas de différend. L'article 16 du règlement d'arbitrage de la CCI[44] dispose qu'à défaut d'accord entre les parties, « le tribunal arbitral fixe la ou les langues de la procédure arbitrale, en tenant compte de toutes les circonstances pertinentes, y compris la langue du contrat ». Il en est de même de l'article 15 du règlement de la Cour commune de justice et d'arbitrage de l'OHADA et de l'article 23 du règlement d'arbitrage de la Chambre de commerce de Stockholm.

Il peut aussi arriver que les parties ne s'entendent pas sur le choix d'une langue unique et décident de rédiger leur contrat en deux versions, l'une française et l'autre anglaise, par exemple. Dans ce cas, il faut préciser la version du contrat qui fera foi en cas de contradiction entre les deux versions. Si les deux versions doivent faire foi, il faut veiller à ce que la traduction se fasse par un traducteur assermenté qui pourra engager sa responsabilité en cas de problème.

La clause de langue peut être rédigée de plusieurs manières, en fonction de l'objectif visé.

---

[44] Cour internationale d'arbitrage de la Chambre de Commerce Internationale de Paris

Exemple 1 :

ARTICLE ... : LANGUE DU CONTRAT

Le présent contrat a été établi en deux (02) versions, à savoir en langue française et en langue anglaise, signés par les deux parties, et ayant égale valeur. En cas de divergence d'interprétation entre les deux versions, le texte français prévaudra.

Toutes correspondances, notifications, plans et dessins, spécifications techniques et descriptifs, et généralement tous documents et toutes communications requis par les présentes, seront en langue française.

Exemple 2 :

ARTICLE ... : LANGUE DU CONTRAT

Le présent contrat est établi en deux versions originales, française et anglaise, seule la version française faisant foi.

Toutes correspondances, notifications, plans et dessins, spécifications techniques et descriptifs, et généralement tous documents et toutes communications requis par les présentes, seront en langue française.

SECTION 3 : L'ELECTION DE DOMICILE

Le domicile est le lieu où une personne possède son principal établissement[45]. Il se distingue de la résidence qui est le lieu où se trouve en fait une personne contrairement au domicile qui est le lieu où la personne se trouve en droit. La résidence est le lieu où une personne habite lorsqu'elle se trouve hors de son domicile, par exemple pour les besoins de sa profession.

L' « élection de domicile » est le choix d'un lieu par une personne pour les besoins de l'exécution d'un contrat ou d'une procédure. Dans le cadre d'une procédure, la constitution d'un avocat vaut élection de domicile au cabinet de celui-ci.

Ainsi, pour les besoins de l'exécution d'un contrat, une partie peut choisir une adresse différente de celle de son domicile réel, pour recevoir les significations, demandes et correspondances diverses relatives au contrat. On parle de clause d'élection de domicile. Les parties doivent mentionner l'adresse choisie sur tous les actes concernant le contrat.

La clause de l'élection de domicile est particulièrement recommandée lorsque l'un des contractants habite en un lieu éloigné et, à fortiori, à l'étranger. Elle est également recommandée lorsque l'entreprise dispose plusieurs succursales, afin que les notifications ou les significations lui parviennent à son siège social où sont, en principe, basés les principaux services.

---

[45] Voir les articles 12 et suivants du Code de la Famille du Sénégal et 102 et suivants du Code Civil français.

Exemple de clause relative à l'élection de domicile :

ARTICLE ... : ELECTION DE DOMICILE

Pour l'exécution du présent contrat, les parties élisent domicile en leurs adresses respectives ci-dessous précisées :................................

Toutes les correspondances officielles échangées par les Parties en application du présent Contrat devront être envoyées aux adresses suivantes ou à toute nouvelle adresse notifiée par écrit par la Partie concernée à l'autre Partie.

Toute notification requise ou autorisée en vertu du présent Contrat devra être effectuée par écrit et envoyée aux adresses indiquées au présent article, soit par lettre recommandée ou remise par porteur spécial, avec accusé de réception, soit par télécopie confirmée par lettre recommandée ou remise par porteur spécial avec accusé de réception.

Toute notification effectuée par lettre recommandée ou remise par porteur spécial sera réputée avoir été reçue au plus tard cinq (5) jours après sa date d'expédition ; toute notification effectuée par télécopie sera réputée avoir été reçue vingt-quatre (24) heures après l'émission, sous réserve de la justification de la preuve de son envoi et de sa réception par le destinataire.

En cas de changement d'adresse, la partie concernée fera connaître par écrit, sous quinzaine, sa nouvelle adresse à l'autre partie.

SECTION 4 : L'ENTREE EN VIGUEUR

L'entrée en vigueur marque le début de l'exécution des obligations contractuelles. Il revient aux parties de convenir du moment auquel le contrat entrera en vigueur. Il convient de préciser l'intérêt de cette clause avant d'envisager les écueils à éviter au moment de sa rédaction.

§ 1. Intérêt / Portée

Les parties disposent d'un choix pour l'entrée en vigueur de leur contrat. Le choix de la date d'entrée en vigueur, qui est dicté par des considérations pratiques, peut être celle de la date de signature du contrat, tout comme elle peut être différée ou fixée à une date antérieure.

En général, la date d'entrée en vigueur du contrat est celle de sa signature. Ainsi, il est fréquent de rencontrer dans les contrats cette formule : « Le présent contrat entre en vigueur à compter de sa date de signature par les parties. »

Les parties à un contrat ont également la possibilité de prévoir explicitement une entrée en vigueur rétroactive. Cette situation se présente lorsque les parties, qui entretiennent déjà des relations contractuelles, décident de matérialiser celles-ci par un contrat. En réalité, il s'agit d'un contrat dit de « régularisation ».

Les parties ont aussi la possibilité de subordonner l'exécution du contrat à une condition suspensive ou résolutoire.

La condition suspensive est un événement futur et incertain qui suspend la naissance des obligations découlant du contrat. Dans ce cas, le contrat est signé mais les parties attendent que la condition se réalise pour l'exécuter. Il en est ainsi, par exemple, d'un contrat de vente d'immeuble dont l'entrée en vigueur est subordonnée à la condition suspensive de l'obtention d'un prêt.

La condition résolutoire constitue un évènement futur et incertain qui affecte rétroactivement les conventions passées. Le contrat peut être affecté d'une condition résolutoire. Dans ce cas, le contrat existe bel et bien et produit ses effets, mais la survenance de l'évènement efface rétroactivement les obligations contractées et remet les parties dans l'état antérieur comme s'il n'y avait pas eu de contrat.

Il en est ainsi, par exemple, d'une donation faite sous condition résolutoire que le bénéficiaire ne meurt pas avant la donation. Si le bénéficiaire meurt, la condition résolutoire est accomplit et par conséquent la donation est résolue.

§ 2. Conseils et écueils à éviter

Lorsque la date d'entrée en vigueur est celle de la signature du contrat, les parties doivent veiller à dater le contrat, à défaut il n'entrera pas en vigueur. Pris dans l'euphorie de la cérémonie de signature, il arrive souvent que les parties oublient de dater leur contrat. Le problème se pose lorsque les parties sont situées chacun de l'autre bout du monde, il faut engager de nouveaux frais… Par ailleurs, si l'une des parties est de mauvaise foi, elle peut chercher de revenir sur ses engagements.

Lorsque les parties passent un contrat sous condition suspensive, l'obtention d'un prêt par exemple, le contrat existe, mais les obligations qui en découlent ne sont pas exigibles. Par conséquent, une partie ne peut pas décider de le rompre unilatéralement. Au contraire, pendant cette période, les parties doivent tout mettre en œuvre pour que cette condition se réalise.

Dans l'exemple précédent, il incombe à l'acquéreur sous condition suspensive de l'obtention d'un prêt de rapporter la preuve des diligences concrètes, complètes et loyales qu'il a accomplies en vue de l'obtention de ce prêt. L'acquéreur qui n'établit pas avoir fait des démarches auprès des banques ou établissements assimilés, comme il s'y était contractuellement engagé, n'a pas exécuté de bonne foi le contrat. En dépit de cette obligation de bonne foi, il est prudent de prévoir expressément une obligation de diligence pour la partie qui est tenue de réaliser les démarches nécessaires afin que la condition se réalise.

Une condition suspensive entraîne toujours une période d'incertitude. Les parties ont donc intérêt à limiter cette période, en fixant un délai au-delà duquel si la condition ne se réalise pas, le contrat sera caduc. En l'absence de stipulation sur ce délai, il reviendra au juge ou à l'arbitrage saisi, en cas de différend, de déterminer ce délai.

La caducité du contrat ne doit pas être liée à la défaillance d'une des parties. Dans ce cas, celle-ci engagera sa responsabilité.

SECTION 5 : LES ANNEXES

En matière contractuelle, l'annexe se définit comme un document qui est lié ou joint à l'acte principal. Il convient de préciser l'intérêt de cette clause avant d'envisager les précautions à adopter au moment de sa rédaction.

§ 1. Intérêt / Portée

Dans la rédaction d'un contrat, les annexes sont parfois indispensables. Elles permettent notamment d'alléger le contrat en évacuant certains aspects.

Ainsi, les annexes permettent de décrire tous les détails qui ne sont pas dans le corps principal : annexe technique, financière, etc.

§ 2. Conseils et écueils à éviter

Les annexes n'ont de valeur juridique qu'à la double condition que le contrat y fasse référence et qu'elles soient effectivement annexées. En d'autres termes, l'autre partie contractante doit savoir qu'elles font partie du contrat.

A cet effet, les renvois aux annexes sont donc indispensables et doivent figurer dans le corps du contrat. En général, celles-ci sont identifiées tout au long du contrat et se retrouvent à la fin de celui-ci, dans l'ordre selon lequel elles ont été présentées (exemple : annexes I, II, III,...). Il est également conseillé de mentionner que ces annexes font partie intégrante du contrat.

Par ailleurs, pour assurer la cohérence des annexes, plusieurs précautions s'imposent. D'abord, le contrat n'est pas un fourre-tout. Tous les documents, notamment ceux réalisés en phase précontractuelle, ne peuvent être annexés au contrat. Les parties doivent sélectionner les documents les plus pertinents au moment de la conclusion de l'accord.

Ensuite, pour éviter les risques de contradiction, les parties peuvent avoir intérêt à organiser la hiérarchie des annexes. Il en est ainsi dans certains contrats complexes qui comprennent, par exemple, la vente, les prestations d'ingénierie, les prestations de service, etc. Dans ces contrats, les parties doivent établir une priorité dans la valeur à donner aux divers documents contractuels. Il s'agit de définir la force juridique de chaque document par rapport aux autres.

La clause consacrée aux annexes peut être rédigée de plusieurs manières :

Exemple 1 :

ARTICLE ... : ANNEXES

Sont annexés au présent contrat et en font partie intégrante, les documents suivants :

- annexe I : ……………………..
- annexe II : …………………..
- annexe III :…………………..

Exemple 2 :

ARTICLE ... : ANNEXES

Ce contrat comprend <chiffre> annexes, énumérées ci-après par ordre de priorité :

- annexe I : ....
- annexe II : ....
- annexe III :...................

SECTION 6 : LE NOMBRE D'EXEMPLAIRES

En combien d'exemplaires un contrat doit-il être établi ? Il convient de préciser l'intérêt de cette mention avant de prodiguer quelques conseils.

§ 1. Intérêt / Portée

En principe, le contrat doit être établi en autant d'exemplaires qu'il y a des parties. C'est la **formalité du double**. Aussi, s'agissant d'un acte sous-seing privé, il faut que chaque partie ait un exemplaire original du contrat.

Mais dans un contrat international, il faudra parfois tenir compte des exemplaires ou « copies » qui seront nécessaires, parfois en originaux, pour :

- les organismes de tutelle, nationaux ou internationaux ;
- les bailleurs de fonds et les institutions bancaires participant au financement du projet ou au règlement des sommes contractuellement dues ;

- les sous-traitants ou autres sociétés du groupe ;
- les maîtres d'œuvre, etc.

§ 2. Conseils et écueils à éviter

Au moment de la signature, il faut procéder à la collation de tous les exemplaires. A cet effet, il est recommandé de faire mention dans le texte du contrat du nombre d'exemplaires en lequel celui-ci a été établi et signé. Cela permet d'éviter toute contestation sur l'authenticité de tel ou tel exemplaire.

SECTION 7 : LES SIGNATURES

Il convient de préciser sa portée avant de donner quelques conseils.

§ 1. Intérêt / Portée

Tout juste après que soit précisé le nombre d'exemplaires originaux du contrat, de même que le lieu et la date de signature, les parties ou leurs représentants autorisés (administrateurs, mandataires, etc.) signent chacun des exemplaires. S'il s'agit d'un acte sous seing privé, la signature en présence de témoins indépendants peut être utile.

La signature permet aux parties d'assumer les conséquences juridiques de l'acte qu'elles ont posé.

§ 2. Conseils et écueils à éviter

Attention :

- Avant l'opération de signature proprement dite, il faut procéder à la vérification de l'identité des parties et signataires (sous forme de photocopie des cartes d'identité ou passeport, d'extraits de registre du commerce et du crédit mobilier, etc.), des pouvoirs (au moyen des copies certifiées conformes des délibérations sociales ou de décisions ou autorisations administratives).

- Ensuite, il faut lire tout le contrat, surtout la version finale à être signée. Il ne faut jamais signer un contrat sans l'avoir lu en entier. Après, il sera trop tard !

- Aussi, il est recommandé de parapher chaque page du contrat, y compris les annexes, même si l'absence de paraphe n'affecte pas sa validité, et de signer la dernière page. Tout ajout, suppression, rature ou modification du texte à main levée lors des signatures doit être validé par le paraphe de chaque signataire apposé à proximité. Cela permet notamment d'éviter les risques de substitution de feuilles du contrat.

- Enfin, il faut toujours conserver une copie du contrat qu'on a soi-même signé, même si l'exemplaire original ne sera complètement signé que plus tard. Il en est ainsi lorsqu'une des parties est absente et qu'il faudra lui transmettre le document plus tard pour signature.

SECTION 8 : LA TABLE DES MATIERES

La table des matières rend plus lisible le contrat. Elle permet au lecteur d'éviter une recherche longue et fastidieuse, et de visualiser, d'un seul coup d'œil, l'ensemble des clauses du contrat.

Pour ce faire, il convient de numéroter au préalable, les articles, sous-articles et pages du contrat. Il est préférable d'opter pour une numérotation laissant apparaître le nombre total de pages. Les pages des annexes doivent comporter un type différent de numérotation, en en chiffres romains par exemple.

Par ailleurs, afin de faciliter le repérage, un court titre doit être attribué à chaque article et sous-article du contrat.

ANNEXES DOCUMENTAIRES

Chaque rédaction de contrat est différente, car c'est une entente entre deux parties concernant leurs choix et leurs désirs respectifs. Un contrat est un document qui lie deux parties, qui scelle un accord entre deux parties. Par conséquent, il doit énumérer fidèlement la totalité des points sur lesquels il y a entente.

Sous ce rapport, un contrat n'est pas susceptible d'être adapté à toutes les situations, un contrat « passe-partout » n'existe pas. Les parties doivent rédiger elles-mêmes leur contrat en tenant compte de leurs objectifs, contraintes et particularités juridiques ; au besoin, elles peuvent se faire assister d'un conseiller juridique.

Quel que soit le type de contrat, son organisation doit comprendre un certain nombre d'éléments d'information nécessaires pour décrire totalement l'opération envisagée et ses éventuelles conséquences. L'ordre des articles correspond à l'enchaînement logique de présentation et de déroulement de l'opération commune.

Ainsi, nous nous sommes résolus à vous proposer dans cette partie uniquement l'architecture de quelques contrats usuels et non des « contrats-type », qui peuvent être source de difficultés. En effet, chaque fiche est assortie de l'architecture du contrat objet de celle-ci.

1. Fiche pratique d'un contrat de prestation de services

a) Définition

Le contrat de prestation de services est un contrat par lequel une personne, le prestataire, s'engage à fournir à une autre, le client, une prestation dans un domaine spécifique et déterminé selon des normes et des spécifications qui lui sont indiquées.

b) Régime juridique

- **Objet du contrat**

Le contrat de prestation de services a principalement pour objet l'accomplissement d'un service. Les services proposés par le prestataire sont d'une grande multitude et concernent des activités aussi variées. Il peut s'agir d'un service matériel (maintenance, nettoyage, gardiennage, restauration, ...) ou d'un service intellectuel (étude, assistance, conseil, conception, ...).

Le prestataire de service peut être une personne physique ou une personne morale. Il n'est pas obligatoirement un professionnel, même si c'est bien souvent le cas, et peut exercer plusieurs activités à la fois. Il peut être à la fois vendeur et prestataire. Dans ce cas, il faut faire le distinguo entre les actes qu'il passe en tant que vendeur et ceux qu'il fait en tant que prestataire.

L'opération d'acquisition d'un climatiseur illustre parfaitement cette situation. Il peut arriver que l'installation du climatiseur soit effectuée par le vendeur. Dans ce cas, il y a juxtaposition d'une vente et d'une prestation qui consiste à l'installation. Il y a donc deux contrats : un contrat de vente et un contrat de prestations de service.

Il n'en est pas de même si le vendeur se contente d'assurer la livraison du climatiseur au domicile de son client et de lui fournir des conseils pour l'installer. Dans ce cas, il n'y a pas contrat de prestations de service mais contrat de vente ; l'obligation d'information faisant partie du contrat de vente[46].

- **Obligation des parties**

Le contrat de prestation de service crée des droits et obligations entre un prestataire et un client. Le prestataire fournit, exécute un service pour le client qui, en contrepartie, le rémunère.

Sous peine de voir le contrat de prestations de service requalifié en contrat de travail, l'action du prestataire doit être conduite en toute indépendance. Il est au service du client et non sous ses ordres. Il doit utiliser ses propres moyens, qu'ils soient matériels ou humains, pour accomplir sa prestation.

Le prestataire doit garantir à son client le résultat. Il peut être contraint, d'une part, à refaire ou à parfaire le travail en cas d'exécution incomplète ou défectueuse de sa prestation et, d'autre part, au paiement des dommages et intérêt du fait de cette exécution incomplète ou défectueuse.

Pour éviter d'avoir recours au juge, la garantie de la bonne exécution du travail confié au prestataire doit être prévue au contrat. Cela peut se faire, notamment, au moyen des clauses de responsabilité et des clauses pénales.

Le prestataire a la possibilité de sous-traiter tout ou partie des prestations objet du contrat. Toutefois, pour éviter toute contestation, cette possibilité doit avoir été envisagée dans le contrat. A défaut, il reviendra au juge de trancher.

Le client doit également garantir le paiement du prestataire. Le prestataire doit par exemple avoir la possibilité de suspendre le contrat ou de se retirer si les paiements ne sont pas effectués conformément aux termes du contrat.

---

[46] Voir les dispositions des articles 219 et suivants de l'Acte uniforme relatif au droit commercial général

Plusieurs mécanismes existent à cet effet. Il en est ainsi des clauses de résiliation en cas d'inexécution du contrat par l'une des parties.

c) Contenu du contrat de prestation de services

Certaines mentions doivent figurer dans un contrat de prestation de services. Ces mentions sont relatives aux services fournis et à leurs délais d'exécution, aux prix, à la durée du contrat, à la confidentialité, à la non-sollicitation du personnel, à la responsabilité.

- **Services fournis** : Les tâches à accomplir doivent être définies avec précision sous peine de voir le contrat requalifié en contrat de travail. Le personnel détaché dans l'entreprise utilisatrice doit conserver, pendant l'exécution de la mission, une totale autonomie par rapport aux salariés de l'utilisateur.

- **Délais d'exécution** : Le contrat de prestation de service est conclu pour une tâche ponctuelle et spécifique. A cet effet, il ne doit pas être conclu pour une durée illimitée ou reconduit sur plusieurs années sans échéance fixe.

- **Prix** : La rémunération prévue au contrat doit être fixée forfaitairement, en fonction du résultat et non du nombre d'heures de travail effectuées.

  L'activité sous-traitée implique une spécialisation ou un savoir-faire que ne possèdent pas les salariés de l'utilisateur. A défaut, on risque une condamnation pour prêt de la main d'œuvre illicite ou délit de marchandage.

- **Non sollicitation du personnel** : La permanence de la collaboration avec l'imbrication du personnel qui s'en suit peut aboutir à de fâcheux détournements de personnel et donc de savoir-faire. A cet effet, les parties ont intérêt à insérer dans leur contrat une clause de non sollicitation du personnel dont la violation sera de nature à entraîner la rupture fautive du contrat, ou de lourds dommages et intérêts si elle intervient dans la période post-contractuelle.

- **Responsabilité** : Cette clause permettra d'organiser la responsabilité de la partie défaillante.
- **Confidentialité** : Par cette clause, les parties s'interdisent la divulgation des informations qu'elles ont échangées.

Sous ce rapport, un contrat de prestations de service peut avoir l'architecture suivante :

1. Titre
2. Désignation des parties
3. Préambule
4. Définitions
5. Objet
6. Prix
7. Durée
8. Obligations du prestataire
9. Obligations du client
10. Propriété des résultats
11. Responsabilité
12. Pénalités
13. Non-sollicitation du personnel
14. Cession du contrat et Sous-traitance
15. Référencement
16. Résiliation
17. Droit et litiges
18. Election de domicile
19. Annexes
20. Signatures des parties

2. Fiche pratique d'un contrat de concession commerciale

a) Définition

Le contrat de concession commerciale est celui par lequel le titulaire d'une marque, ou concédant, s'engage sur un territoire donné à ne vendre qu'à son cocontractant, ou concessionnaire, qui s'oblige, en contrepartie à distribuer les biens concédés et uniquement ces biens, en respectant la politique commerciale définie par son partenaire.

Le contrat de concession commerciale est inséparable de la notion d'exclusivité. C'est d'ailleurs pour cette raison qu'il est également connu sous le nom de *contrat de distribution exclusive* ou *contrat de distribution intégrée.*

b) Régime juridique

Le contrat de concession commerciale n'est soumis à aucune réglementation particulière. Il obéit, pour l'essentiel, au droit commun des contrats commerciaux et aux règles dégagées par la jurisprudence. A cet effet, sa forme et son contenu sont librement fixés par les parties.

- **Obligation des parties**

Le contrat de concession met à la charge des parties (le concédant et le concessionnaire) de nombreuses obligations qui tirent leur source de la vente qui est à la base de l'accord de volontés, mais aussi de la collaboration que les contractants se sont promis et de l'exclusivité qu'ils se doivent.

Du fait du contrat, le concédant doit :

- s'abstenir de procéder à des ventes directes dans la zone exclusive accordée au concessionnaire ;
- respecter les quotas de livraison auxquels il s'est engagé ;
- garantir les vices cachés des produits qu'il fournit ;

- garantir l'exclusivité de la marque, de l'enseigne, etc., dans le secteur géographique consenti au concessionnaire ;
- définir et mettre en œuvre la politique du réseau.

Le concessionnaire est astreint à un certain nombre d'obligations. Il doit :

- respecter l'exclusivité territoriale des autres distributeurs ;
- remplir, s'il y a lieu, son obligation d'achat exclusif ;
- respecter le quota d'approvisionnement éventuellement prévu dans le contrat ;
- payer le prix des marchandises ;
- maintenir, si le contrat l'impose, un stock minimal de produits ou de pièces de rechange pour répondre aux besoins de la clientèle ;
- assurer divers services à la clientèle ;
- respecter les règles commerciales, de gestion ou de toute autre nature mise contractuellement à sa charge par le concédant ;
- informer le concédant de l'état du marché, des réactions de la clientèle, etc.

- **Fin du contrat de concession**

Le régime de la résiliation ou du non-renouvellement du contrat de concession varie suivant que le contrat soit à durée déterminée ou indéterminée.

Si le contrat de concession est conclu pour une durée indéterminée, ce qui en général est rare, chaque partie peut mettre fin au contrat à tout moment à condition de respecter un délai de préavis, afin de donner du temps à son partenaire pour réorganiser ses activités. A défaut, la partie fautive peut se voir condamner au payement des dommages et intérêts. La durée du préavis est librement déterminée par les parties.

Lorsque le contrat de concession est conclu pour une durée déterminée, l'arrivée du terme a un effet extinctif ; il met fin aux obligations réciproques des parties. Sauf faute grave ou clause résolutoire expressément prévue au contrat, une partie ne peut pas mettre fin au contrat unilatéralement avant l'arrivée du terme.

c) Contenu du contrat de concession commerciale

La structure du contrat de concession exclusive repose sur un support, c'est-à-dire le contrat cadre, qui va énoncer l'essentiel des futurs contrats d'application et, va définir à l'avance le régime applicable aux parties durant la vie du contrat, et également au terme de celui-ci.

Le contrat cadre décrit l'ensemble des obligations réciproques à la charge des parties, qui vont être différentes selon la nature du commerce concédé. En général, l'obligation principale tient à l'assistance technique, commerciale, financière ou comptable du concessionnaire par le concédant qui se matérialise, notamment, par l'octroi d'aides financières, la fourniture de signes distinctifs, la réservation d'un marché.

Les parties ont donc intérêt à prévoir dans leur contrat une clause d'assistance technique, commerciale, financière ou comptable du concédant. Cette clause permet de renforcer le contrôle du concédant sur le concessionnaire et l'efficacité de ce système de distribution.

Aussi, le concessionnaire doit respecter les clauses de quota ou de minima quant à son approvisionnement, assurer le service après vente, utiliser l'enseigne et le panonceau de la marque. Il doit assurer une meilleure commercialisation les produits du concédant.

Le contrat de concession commerciale doit être rédigé avec soin, de manière à ne pas omettre certaines clauses essentielles. Il en est ainsi des clauses relatives :

- à la zone d'exclusivité : cette zone doit être clairement définie, elle peut être régionale, départementale, communale, etc. ; elle peut même être limitée à une catégorie de clients.
- aux biens et services distribués : ces biens ou services doivent être déterminés avec précision.
- aux conditions de livraison des produits : dans un contrat international, il faut veiller à choisir les incoterms appropriés.
- aux conditions de protection de la marque et de l'enseigne du distributeur : il convient de vérifier si la marque a été déposée et enregistrée, si le concédant est propriétaire de la marque ou titulaire d'un contrat de licence.

Sous ce rapport, un contrat de concession commerciale peut avoir l'architecture suivante :

1. Titre
2. Désignation des parties
3. Préambule
4. Définitions
5. Objet
6. Obligations du concédant
7. Obligations du concessionnaire
8. Les obligations des parties
9. Prix
10. Assurances
11. Déclaration d'indépendance réciproque
12. Loyauté et bonne foi
13. Non-concurrence
14. Cession et transmission du contrat
15. Durée du contrat
16. Résiliation
17. Election de domicile
18. Droit et litiges
19. Annexes
20. Signatures des parties

3. Fiche pratique d'un contrat de bail commercial

a) Définition

Un *bail commercial* est un contrat qui unit le propriétaire d'un local et un locataire qui l'occupe dans le cadre d'une activité commerciale, industrielle ou artisanale. Le bail commercial est régi par les dispositions des articles 69 et suivants de l'Acte Uniforme OHADA portant sur le droit commercial général.

b) Régime juridique

- **Montant du loyer**

La fixation du montant du loyer relève de la liberté contractuelle, même si les dispositions de l'article 84 de l'AUDCG autorisent les Etats à adopter des textes fixant le montant du loyer dans certains cas. Aussi, pour éviter toute surprise, les parties, surtout le locataire, ont intérêt à s'informer sur le prix du marché avant d'entamer les négociations.

Le loyer peut être un montant fixe ou variable. Dans ce dernier cas, le loyer peut varier si une clause d'indexation ou d'échelle mobile est prévue dans le bail.

Le montant du loyer est fixé en même temps que les modalités de sa révision. A défaut, la loi prescrit une révision triennale dont le taux peut être fixé par le juge.

Le locataire peut être amené à verser au bailleur un *dépôt de garantie* au moment de la conclusion du bail. Le dépôt de garantie est destiné à garantir l'exécution des obligations mises à la charge du locataire et les éventuelles réparations en fin de location. Cette somme dont le montant est déterminé librement sera remboursée au locataire à la fin du bail s'il s'acquitte de toutes ses obligations.

▪ Destination des lieux loués

En principe, le locataire ne peut exercer dans le local commercial que l'activité ou les activités autorisées dans le bail. Une modification partielle ou totale de l'activité, encore appelée *déspécialisation*, permet au bailleur de saisir la juridiction compétente pour demander la résiliation du bail. Il est donc recommandé aux parties de bien *décrire* précisément *les activités autorisées*, afin d'éviter tout différend ultérieur.

▪ Le renouvellement du bail

L'Acte uniforme a minutieusement réglementé les rapports des parties à l'expiration du bail. Aussi, il faut préciser les initiatives que doit prendre le locataire à la fin du bail et l'attitude que doit observer le bailleur.

- *Les diligences du locataire*

Les articles 92 et suivants précisent les initiatives que doit prendre le locataire qui veut obtenir le renouvellement du bail. Il faut à cet égard faire une distinction.

S'il s'agit d'un bail à durée déterminée, le preneur qui a droit au renouvellement doit introduire une demande. Celle-ci doit impérativement être signifiée par acte extrajudiciaire, c'est-à-dire par exploit d'huissier, au plus tard trois mois avant la date d'expiration du bail. A défaut, le preneur est déchu de son droit.

S'il s'agit d'un bail à durée indéterminée, le preneur qui a reçu congé du bailleur[47] peut exiger le renouvellement en notifiant au bailleur par acte extrajudiciaire, sa contestation du congé. Cette notification doit avoir lieu au plus tard à la date d'effet du congé ; à défaut il est mis fin au bail.

---

[47] Chaque partie peut prendre l'initiative de la rupture en donnant congé par acte extrajudiciaire au moins six mois à l'avance.

- *L'attitude du bailleur*

Le bailleur saisi d'une nouvelle demande de renouvellement peut adopter deux attitudes :

- Il peut accepter le renouvellement. Cette acceptation peut être expresse ou tacite. Elle est tacite lorsque, ayant reçu une demande de renouvellement du bail à durée déterminée, le bailleur ne fait pas connaître sa réponse au plus tard un mois avant l'expiration du bail. Son silence vaut acceptation.

  En cas d'acceptation, qu'elle soit expresse ou tacite, la durée du nouveau bail est fixé à trois ans, sauf convention contraire des parties (art. 97 AUDCG).

- Il peut refuser le renouvellement. Dans ce cas, il doit payer une indemnité d'éviction. Si les parties n'arrivent pas à trouver un accord sur le montant de cette indemnité, le recours au tribunal est nécessaire (art. 94 AUDCG). Il est tenu compte pour la détermination du montant de l'indemnité, du montant du chiffre d'affaires, des investissements réalisés par le preneur et de la situation géographique du local.

L'Acte Uniforme ne règle pas les conséquences du refus par le bailleur de payer l'indemnité d'éviction.

Il cite en revanche les cas dans lesquels le bailleur n'est pas tenu de payer l'indemnité d'éviction. Ces cas sont au nombre de trois :

- D'abord l'existence d'un motif légitime de non-renouvellement. Il en est ainsi de l'inexécution par le preneur d'une obligation substantielle (le non paiement du bail par exemple) ou la cessation du fonds.

- Ensuite le projet de démolition et de reconstruction de l'immeuble comprenant les lieux loués.

- Enfin la reprise par le bailleur des locaux d'habitation accessoire des locaux principaux pour y loger lui-même ou y loger ses proches.

Mais, même s'il n'a pas droit à une indemnité de l'éviction, le preneur pourra obtenir remboursement des coûts des aménagements et constructions qu'il a réalisés dans les locaux avec l'autorisation du bailleur. Le montant est fixé à défaut d'accord, par la juridiction compétente à la requête du preneur.

- **Cession du bail**

Toute cession du bail doit être signifiée au bailleur par acte extrajudiciaire, ou par tout autre moyen écrit, mentionnant : l'identité complète du cessionnaire, son adresse et éventuellement, son numéro d'immatriculation au Registre du Commerce et du Crédit Mobilier. A défaut de signification dans ces conditions, la cession est inopposable au bailleur.

- **Sous-location**

La sous-location totale ou partielle est interdite, sauf si une clause l'autorise. L'autorisation du bailleur est donc nécessaire.

- **Fin du bail**

Le contrat peut stipuler des motifs de résiliation du bail.

Ainsi, à défaut de paiement du loyer ou en cas d'inexécution d'une clause du bail, le bailleur pourra demander à la juridiction compétente la résiliation du bail et l'expulsion du preneur, et de tous occupants de son chef, après avoir fait délivrer, par acte extrajudiciaire, une mise en demeure d'avoir à respecter les clauses et conditions du bail.

c) Contenu du contrat de bail commercial

Certaines dispositions en matière de bail commercial sont d'ordre public. Par conséquent, elles ne peuvent être écartées par les parties, sous peine d'encourir la nullité. Il en est ainsi par exemple des dispositions régissant le droit au renouvellement du bail, le formalisme à suivre en matière de congé et de demande de renouvellement.

En dehors des dispositions impératives, les parties ont la possibilité d'aménager librement les clauses de leur contrat. Cette liberté contractuelle se manifeste notamment en ce qui concerne la fixation du montant du loyer initial, la sous-location, la cession du bail, la destination des lieux loués.

Le locataire a, par exemple, intérêt d'exiger du bailleur l'insertion dans le contrat d'une clause d'exclusivité et d'une clause de non-concurrence. Par la clause d'exclusivité, le bailleur s'interdit de louer à un tiers un local pour y exercer une activité similaire. La clause de non-concurrence interdit au bailleur d'exercer, directement ou non, une activité concurrente à celle du locataire.

Sous ce rapport, un contrat de bail commercial peut avoir l'architecture suivante :

1. Titre
2. Désignation des parties
3. Préambule
4. Objet du bail
5. Désignation des lieux loués
6. Etat des lieux
7. Destination des locaux loués
8. Durée du bail
9. Loyer
10. Dépôt de garantie
11. Charges locatives
12. Réparations, travaux et entretien
13. Assurances
14. Sous-location et Cession de bail
15. Clause résolutoire
16. Frais

17. Droit et litiges
18. Election de domicile
19. Annexes
20. Signatures des parties

4. Fiche pratique d'un contrat d'agence commercial

a) Définition

Le contrat d'agence commerciale est le contrat par lequel l'une des parties, l'agent commercial, est chargée de façon permanente, et moyennant rémunération, par l'autre partie, le commettant, sans être soumise à l'autorité de ce dernier, de la négociation et éventuellement de la conclusion d'affaires au nom et pour compte du commettant. L'agent commercial organise ses activités comme il l'entend et dispose librement de son temps.

b) Régime juridique

- **Obligation des parties**

Le contrat d'agence commerciale est régi par les dispositions des articles 184 et suivants de l'Acte Uniforme OHADA portant sur le droit commercial général. Il fait naître des obligations à la charge de l'agent et du commettant.

L'agent est tenu à un certain nombre d'obligations. Ce sont principalement :

- *l'obligation de loyauté* : *La loyauté désigne la sincérité dans la conclusion du contrat et la bonne foi dans son exécution.* Elle a pour but de favoriser l'établissement de relations durables entre l'agent commercial et ses mandants qui doivent pouvoir compter sur lui sans aucune réticence. Elle se traduit pour l'agent commercial par l'*obligation de non-concurrence.*
- *l'obligation d'information* : L'agent commercial a une obligation d'information à l'égard de son mandant. Cette obligation découle de l'obligation de rendre compte incombant à tout intermédiaire de commerce

et plus généralement à tout mandataire. Le mandant est tenu de la même obligation d'information.

- *l'obligation de restitution* : L'agent commercial a l'obligation de restituer à la fin du contrat tout ce qui lui a été remis pour la durée du contrat, soit par le mandant, soit par les tiers pour le compte du mandant. Cette obligation qui, au demeurant pèse aussi sur le mandant, ne fait pas obstacle à l'exercice du droit de rétention.

Le commettant assume une obligation essentielle : *celle de rémunérer l'agent commercial.* L'agent commercial a *droit à une rémunération* (commission) qui, dans le silence du contrat, prend la forme d'une commission calculée conformément aux usages en vigueur dans le secteur d'activité couvert par le mandat.

Il convient de préciser qu'en dehors de cette obligation principale, le commettant doit, pendant toute la durée du contrat, mettre l'agent en mesure de remplir sa mission. A ce titre, il doit mettre à sa disposition tous les moyens pouvant faciliter l'accomplissement des tâches stipulées au contrat et tous les documents comptables servant de base au calcul de la commission.

- **Cessation du contrat**

Le contrat d'agence commerciale prend fin à l'arrivée du terme du contrat si celui-ci est conclu pour *une durée déterminée.* S'il est conclu *pour une durée indéterminée*, chacune des parties peut y mettre fin moyennant un *préavis.* Ce préavis est d'un mois pour la première année du contrat, de deux mois pour la deuxième année commencée et de trois mois pour la troisième année commencée et les années suivantes (AUDCG, art. 196 al. 2). En cas de faute lourde ou de force majeure, l'obligation de préavis ne s'applique pas.

Toute cessation de contrat d'agence commerciale ouvre droit à *une indemnité compensatrice* au profit de l'agent, que le contrat soit à durée déterminée ou indéterminée. Les règles de calcul du montant de l'indemnité compensatrice sont prévues par l'article 199 de l'AUDCG qui fixe comme base de calcul un rapport mois de commission/année de contrat exécuté. Toutefois, cette indemnité compensatrice n'est pas due lorsque la rupture du contrat est du fait de l'agent commercial (sauf en cas de maladie, de causes dues à son âge, ou encore après cession du contrat à un tiers approuvée par le mandant), ou lorsqu'elle fait suite à une faute grave imputable à l'agent (par exemple : non-respect de la clause de non-concurrence).

c) Contenu du contrat d'agence commerciale

Le contrat d'agence commerciale est un contrat consensuel. En d'autres termes, l'écrit n'est pas une condition de validité du statut d'agent commercial. Toutefois, *l'établissement d'un contrat écrit est vivement conseillé*, notamment pour éviter toute requalification en contrat de travail.

En dehors des clauses usuelles, le contrat d'agence commerciale comporte des clauses essentielles et des clauses sensibles. Même si un certain nombre de clauses sont d'ordre public, il revient aux parties de mieux encadrer leur contrat en prêtant attention à la rédaction de certaines clauses essentielles ou sensibles.

Parmi les clauses essentielles, on peut citer celles qui sont relatives à la désignation du secteur géographique d'activité, au niveau des commissions, à la durée du contrat, aux obligations des parties, aux assurances et responsabilités. Les clauses sensibles sont les clauses de non concurrence, d'exclusivité et de confidentialité.

Sous ce rapport, un contrat d'agence commerciale peut avoir l'architecture suivante :

1. Titre
2. Désignation des parties
3. Préambule
4. Définitions
5. Objet
6. Secteur - Clientèle
7. Commissions
8. Paiement de la commission
9. Obligations de l'agent
10. Obligations du mandat
11. Déclaration d'indépendance réciproque
12. Loyauté et bonne foi
13. Non-concurrence
14. Cession et transmission du contrat
15. Durée du contrat
16. Conséquences de la cessation du contrat
17. Droit et litiges
18. Election de domicile
19. Annexes
20. Signatures des parties

5. Fiche pratique d'un contrat de travail

a) Définition

Le contrat de travail est la convention par laquelle une personne s'engage à mettre son activité à la disposition d'une autre, sous la subordination de laquelle elle se place, moyennant une rémunération.

b) Régime juridique

- **Conditions d'existence du contrat de travail**

L'existence du contrat du travail est caractérisée par trois éléments : la prestation de travail, la rémunération et le lien de subordination. Mais de ces trois éléments, le lien de subordination est l'élément essentiel qui caractérise le contrat de travail. Le salarié doit être réellement placé sous la direction, la surveillance et le commandement de son employeur.

- **Types de contrats de travail**

Il existe différents types de contrat de travail : le contrat à durée indéterminée (CDI), le contrat de travail à durée déterminée (CDD), le contrat de travail temporaire ou d'intérim, le contrat de travail à temps partiel, le contrat d'apprentissage. Chaque type de contrat de travail comporte ses propres règles et spécificités.

- **Forme du contrat de travail**

Le contrat de travail est un contrat consensuel, il se forme par le simple échange de consentement. Il n'a donc pas besoin d'écrit pour exister, mais cet écrit est nécessaire pour des raisons de preuve.

Dans certains cas cependant, l'écrit est exigé, à défaut le contrat est considéré comme un contrat de travail à durée indéterminée. Il en est ainsi pour le contrat de travail à durée déterminée, le contrat de travail journalier, le contrat d'apprentissage, etc.

- **Fin du contrat de travail**

Le contrat de travail ne pouvant être un engagement à vie, l'employeur et le salarié ont la possibilité d'y mettre fin en respectant certaines modalités. Les deux principaux modes de rupture sont : la démission et le licenciement.

c) Contenu du contrat de travail

La rédaction du contrat de travail repose sur le principe de liberté contractuelle. Le contenu du contrat est déterminé librement par les parties que sont l'employeur et le salarié.

Toutefois, la liberté laissée aux contractants n'est pas illimitée. Dans un souci de protection du salarié, il n'est pas possible de déroger par contrat aux lois et règlements constituant la législation minimum d'ordre public, ainsi qu'aux conventions et accords collectifs applicables à la profession, sauf dans un sens plus favorable pour le salarié.

En dehors de ces limitations, le contrat de travail peut contenir un certain nombre de stipulations destinées, le cas échéant, à protéger l'intérêt de l'entreprise ou à faciliter l'exécution du travail. Il revient donc aux parties de mieux encadrer leur contrat en prévoyant les clauses appropriées.

Même si, le contrat de travail doit obligatoirement stipuler certaines mentions (qualification du salarié, lieu de travail, horaires et durée du travail, rémunération, etc.), les parties doivent penser à prévoir certaines clauses en fonction du secteur d'activité concerné. Il en est ainsi des clauses d'exclusivité, de non-concurrence, de mobilité, de dédit formation, d'objectifs.

Sous ce rapport, un contrat de travail peut avoir l'architecture suivante :

1. Titre
2. Désignation des parties
3. Engagement – Essai
4. Période d'essai
5. Fonctions - Attributions
6. Rémunération
7. Lieu de travail
8. Horaires de travail
9. Absences
10. Congés payés
11. Confidentialité
12. Documents et matériels confiés
13. Restitution des biens
14. Protection sociale
15. Effet – Durée
16. Droit et litiges
17. Annexes
18. Signatures des parties

BIBLIOGRAPHIE

I - OUVRAGES GENERAUX

ANTONMATTEI (P.-H.), RAYNARD (J.) Droit civil, *Contrats spéciaux*, Ed. du JurisClasseur, 6e éd., 2008.

BENABENT (A.), *Droit civil, Les contrats spéciaux et commerciaux*, Ed. Montchrestien, 8e éd., 2008.

COLLART-DUTILLEUL (F.), DELEBECQUE (P.), *Contrats civils et commerciaux*, Précis Dalloz, 8e éd., 2007.

II - OUVRAGES SPECIAUX, MONOGRAPHIES

BELLENGER (L.), *Les fondamentaux de la Négociation*, Ed. ESF, 2004, 220 p.

BLANCO (D.), *Négocier et rédiger un contrat à l'international*, Dunod, 3e édition, 2002, 256 p.

FISHER (R.), URY (W.), PATTON (B.), *Comment réussir une négociation*, Ed. du Seuil, 2006, 267 p.

MOUSSERON (P.), RAYNARD (J.), SEUBE (J.-B.), *Technique contractuelle,* Francis Lefebvre, 3ème édition, 2005, 800 p.

POULET (O.), *Savoir négocier ses contrats*, Ed. Delmas, 2007, 264 p.

SCHMIDT (J.), *Négociation et conclusion des contrats*, Dalloz, 1983, 334 p.

III - ARTICLES, CHRONIQUES & RAPPORTS

ATIAS (C.) « Restaurer le droit du contrat », D. 1998, Chron. p. 137.

BEIGNIER (B.), « La conduite des négociations », RTD Com. 1998, p.463.

BERLIOZ (G.), « Droit de la consommation et droit des contrats », JCP éd. G, 1979, I, 2954.

BIRBES (X), « L'objet de la négociation », RTD Com. 1998, p.472.

BUHLER (M.), « Les clauses de confidentialité dans les contrats internationaux », RDAI/IBLI, n°3/4, 2002, pp. 359-387.

CEDRAS (J.), « L'obligation de négocier », RTD Com. 1985, p.265.

FABRE (R.), « Les clauses d'adaptation dans les contrats », RTD Civ. 1983, p.1.

FAGES (B.), - « L'art et la manière de rédiger le contrat », Dr. et patr. 1999, n° 72, p.82.

- « Des comportements contractuels à éviter », Dr. et patr. 1998, n°60, p.67.

FRISON-ROCHE (M.A.), - « Remarques sur la distinction de la volonté et du consentement en droit des contrats », RTD Civ. 1995, p.573.

- « L'indétermination du prix », RTD civ. 1992, p.270.

MALAURIE-VIGNAL (M.), « Droit de la concurrence et droit des contrats », D. 1995, Chron. p.51.

MESTRE (J.), - « De la notion de clause pénale et de ses limites », RTD Civ. 1985, p.372.

- « De l'exigence d'un prix déterminable au regard de l'article 1129 du code civil », RTD civ. 1987, p.94.

MONTREDON (J.S.), « La théorie générale du contrat à l'épreuve du nouveau droit des procédures collectives », JCP éd. E, 1988, II, 15156, p.268.

NAJJAR (I.), - « La rétractation d'une promesse unilatérale de vente », D. 1997, chron. p. 119

- « L'accord de principe », D. 1991, chron. p. 57

PIZZIO (J.P.), « La protection des consommateurs par le droit commun des contrats », RTD com. 1999, p.53.

PLANTIN (S.), « Garanties de passif : quelques pièges à éviter », JCP éd. E, 1998, p.1722.

ROJOT (J.), « La gestion de la négociation », RTD Com. 1998, p. 447.

TAGUM FOMBENO (H.-J.), « Regard critique sur le droit de l'arbitrage OHADA », Juriscope, Revue de l'Actualité juridique, 2003, Poitiers, www.juriscope.org

THIBIERGE-GUELFUCCI (C.), « Libre propos sur la transformation du droit des contrats », RTD Com. 1997, p.357.

IV - SITES INTERNET

Le portail officiel de l'OHADA : www.ohada.org
Juris International : www.jurisint.org
Le coin du droit africain : www.tagumjoel.com

INDEX ALPHABETIQUE

(Les chiffres renvoient aux numéros des pages)

D

E

F

G

H

I

L

M

N

O

P

Q

R

S

TABLE DES MATIERES

L'HARMATTAN, ITALIA
Via Degli Artisti 15 ; 10124 Torino

L'HARMATTAN HONGRIE
Könyvesbolt ; Kossuth L. u. 14-16
1053 Budapest

L'HARMATTAN BURKINA FASO
Rue 15.167 Route du Pô Patte d'oie
12 BP 226
Ouagadougou 12
(00226) 76 59 79 86

ESPACE L'HARMATTAN KINSHASA
Faculté des Sciences Sociales,
Politiques et Administratives
BP243, KIN XI ; Université de Kinshasa

L'HARMATTAN GUINÉE
Almamya Rue KA 028
En face du restaurant le cèdre
OKB agency BP 3470 Conakry
(00224) 60 20 85 08
harmattanguinee@yahoo.fr

L'HARMATTAN CÔTE D'IVOIRE
M. Etien N'dah Ahmon
Résidence Karl / cité des arts
Abidjan-Cocody 03 BP 1588 Abidjan 03
(00225) 05 77 87 31

L'HARMATTAN MAURITANIE
Espace El Kettab du livre francophone
N° 472 avenue Palais des Congrès
BP 316 Nouakchott
(00222) 63 25 980

L'HARMATTAN CAMEROUN
BP 11486
(00237) 458 67 00
(00237) 976 61 66
harmattançam@yahoo.fr

656209 - Mai 2016
Achevé d'imprimer par

1livre.com
du rêve à la réalité !

Made in United States
Orlando, FL
05 November 2026

90231096R00105